:• 对脑有效用的颜色，对心有效用的颜色

越是会做工作的人就越会使用"色调值（肌肉对光的紧张程度）"

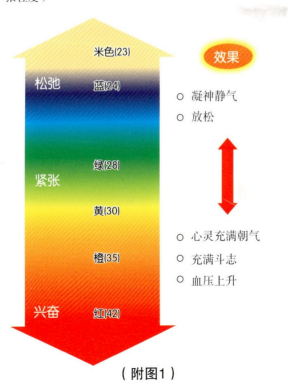

（附图1）

❖ 吸引人的互补色技巧

下面的圆是色相环。
处于相对位置的颜色就是互补色。"红"配"绿"等诸如此类的
互补色搭配在一起往往很引人注目。
在商务中我们也常常使用互补色。

（附图2）

❖ 能干的人经常使用"互补色"

请大家注视下面的红色圆30秒钟，然后猛地去看旁边的"白色墙壁"
或者"白纸"，大家应该会看到红色的补色绿色。

（附图3）

哪个箱子看起来最重

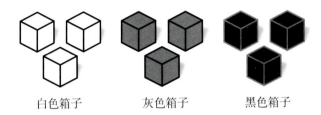

白色箱子　　　　　灰色箱子　　　　　黑色箱子

如果将真实重量定为100的话

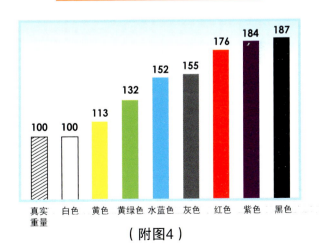

真实重量	白色	黄色	黄绿色	水蓝色	灰色	红色	紫色	黑色
100	100	113	132	152	155	176	184	187

（附图4）

▶▪ "赚钱的颜色"、"亏损的颜色"是什么颜色

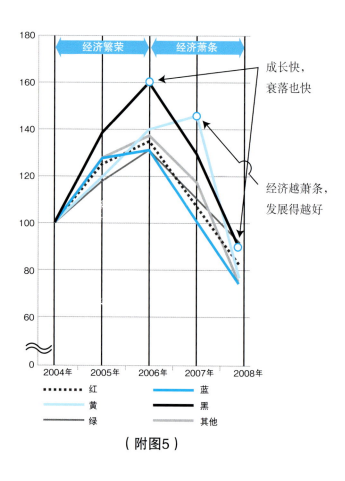

（附图5）

价格的高低由"颜色"决定

价格高的红色与价格低的红色

高级感 浓 ←——————————→ 亲近感 淡

哪个980日元看起来最便宜

颜色分为"让人觉得便宜的颜色（红、绿）"和"让人觉得贵的颜色（黑、蓝）"。并且，如果将字体从"正体字"改为"斜体字"的话，就会产生"律动"，从而"让人感觉更便宜"。

（附图6）

下面的四个"颜色组合"是大型便利店的招牌色。每一种都是凝聚了心血的配色，其中"印象最深刻的"的是哪个?

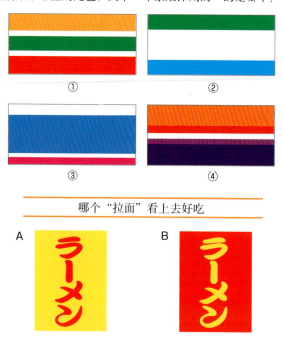

①　　　　　　　　②

③　　　　　　　　④

哪个"拉面"看上去好吃

A　　　　　　B

这就是"关东"与"关西"美食文化的差别。关西人认为"拉面是轻松的小食"，所以很多人认为A比较好吃，而认为"拉面可以取代主食"的关东人则多认为"B看上去比较好吃"。

（附图7）

完全没有存在感的店=隧道店

①没有引人注目的广告
②就算店铺本身的形象很好,但存在感(明亮度)上都输给了旁边的店
③光线不足

有存在感的店=让人不自觉想光顾的店

(附图8)

能力强的人会将工作用颜色分类

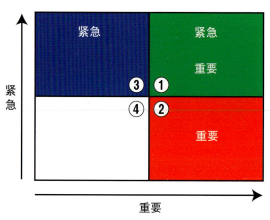

重要且紧急的工作=绿

重要但不紧急的工作=红（其实是最重要的工作）

不重要但紧急的工作=蓝

不重要也不紧急的工作=白（无色）

商务人士总容易优先考虑"不重要但紧急的事情"，但事实上最应该优先考虑的是"重要但不紧急的事情"。因此，才给重要但不紧急的工作标注最引人注目的红色。

紧急的工作标注上"绿"、"蓝"加以区分，使人能够更冷静地进行处理。

（附图9）

商用色彩心理学

人の心は「色」で動く

（日）小山雅明 著

宋礼农 译

民主与建设出版社

图书在版编目（CIP）数据

商用色彩心理学 / (日) 小山雅明著；宋礼农译.
-- 北京：民主与建设出版社，2014.12
ISBN 978-7-5139-0407-0

Ⅰ.①商… Ⅱ.①小… ②宋… Ⅲ.①商业心理学—
艺术心理学 Ⅳ.①F713.55

中国版本图书馆CIP数据核字(2014)第181950号

著作权合同登记号　图字：01-2014-5880

HITO NO KOKORO WA "IRO" DE UGOKU by Masaaki Koyama

Copyright © 2009 Masaaki Koyama

All rights reserved.

Original Japanese edition published by Mikasa-Shobo Publishers Co., Ltd.,
Tokyo.

This Simplified Chinese language edition is published by arrangement with
Mikasa-Shobo Publishers Co. Ltd., Tokyo in care of Tuttle-Mori Agency, Inc.,
Tokyo

through Beijing GW Culture Communications Co., Ltd., Beijing.

出 版 人：许久文
责任编辑：李保华
整体设计：曹　敏
出版发行：民主与建设出版社有限责任公司
电　　话：(010)59419778　　59417745
社　　址：北京市朝阳区曙光西里甲六号院时间国际8号楼北楼306室
邮　　编：100028
印　　刷：北京彩虹伟业印刷有限公司
版　　次：2015年2月第1版　2015年2月第1次印刷
开　　本：32
印　　张：7
书　　号：ISBN 978-7-5139-0407-0
定　　价：32.00元

注：如有印、装质量问题，请与出版社联系。

PREFACE 序言

一般而言，工作能力强的人往往能"得心应手地运用红色。"

说起来大家可能不太相信，但人类的经济活动总是受到"颜色"的影响。

商业活动自不必说，在购物、饮食甚至是恋爱时我们也都习惯根据"颜色"做出判断。

因此，人们才需要我们这一类的服务——商业色彩顾问。事实上，我每年都会为200家以上的公司就广告、宣传、店面装修等方面做色彩搭配指导。至今为止，我已经帮助多家公司成功实现了"销售额增长"以及"客流量增长"的目标。

那么，为什么人的心会因"色"而产生变化呢？

原因就在于大脑越发达的动物对颜色越敏感。

我们甚至可以说，动物的进化就是对颜色

识别程度的进化。

　　例如，我们都知道狗和猫只能识别两种颜色。那是因为，它们继承了原始的哺乳动物的特性。哺乳动物的祖先活动于伸手不见五指的黑夜，所以没有识别颜色的必要性。狗和猫的大脑至今还保持着那个时代的色彩识别能力。

　　然而，虽然同为哺乳动物，猴子却拥有可以与人类媲美的色彩识别能力。那是因为，猴子的祖先生活于白天的森林，所以不得不去努力辨别能够作为食物的果实。事实证明，对色彩越敏感的猿猴就越能够找到足够多的食物，生存下去的概率也就越高。

　　道理到现在也是一样的。作为色彩顾问，我切实感受到：工作能力强的人往往对色彩非常敏感。

　　比如说，"红色"就是一个非常具有代表性的颜色。

有时候，工作做得越好的人就越能"得心应手地运用红色"。

演讲、会议、面试……生意由无数个重要的成败连接而成。在那些决定成败的场合，工作能力强的人往往会在服装、随身物品、文具等方面有意无意地运用红色。

当然，在大多数场合中都是无意识的行为，但其背后其实潜藏着重要的道理。

"红色"具有活跃人的心灵与身体的功能。

事实上，有数据表明：身上带有红色的话，血压和心跳次数会增加。

此外，红色系的墙壁与蓝色系的墙壁为餐厅带来的顾客回头率也截然不同。这也是"红色"在发挥着作用。如果不明白这个道理而贸然进行内部装修的话，无论餐厅如何受到顾客的好评，都很难取得预想的销售额。

可以说，"想提高积极性时就看红色"的说法是有生理学依据的。

本书从我多次做色彩指导的经历出发，总结了对做生意有益的"色彩性质与色彩法则"。

世上总会有一些这样的人，明明学富五车却一无所有，明明为人仁厚却备受疏离。或许原因就在于"色彩的使用方法"。

将此书读到最后的话，你的人生肯定也能结出丰硕的果实。

小山雅明

目　录

目 录

目 录

目　录

第五章　你不知道的"颜色的巨大功效"

目 录

工作能力强的人善于运用"颜色"

SHANGYONGSECAIXINLIXUE

第一章

红色，我们的心理原色

>>>

据说，完全失明的海伦·凯勒能够辨别颜色。

事实上，在海伦·凯勒的自传中有过类似的故事。

自传中非常有名的一个情节是，家庭教师安妮·莎莉文通过把水倒在凯勒手上的方法教会了她"water"这个单词。与此同时，自传中也写道，当莎莉文将蓝光照在她手上教她说"blue"，然后将红光照在她手上教她说"red"时，凯勒辨识出了两种颜色的差别。

奇怪的是，眼睛看不见的人怎么可能辨别色彩呢？

对我们来说，这或许是不可能的事。但同时失去视觉与听觉的海伦·凯勒也许正独具这样敏锐的皮肤感觉。因此，她才能用皮肤感受到不同色彩的不同性质。

光与红外线、紫外线、X光、电波一样，都是电磁波的一种。

反过来说，电磁波中肉眼可见的只有从紫到红的光，而其余的都是不可见光。

可见光中波长最长的电磁波是红光，比红光波长更长的就是红外线。我们生活中常用的红外线烤火炉证明，波长较长的电磁波能从内部给予物体温度。

我们这样的普通人都能因红外线烤火炉散

发出来的红外线（特别是波长极长的远红外线）而感受到无比的温暖。

那么如海伦·凯勒一般感觉尤其敏锐的人，也许从波长较短一些的光中也能感受到温暖吧。这样一想，能用皮肤感受到红光与蓝光的冷暖差别也就不足为奇了。

顺便提一句，红外线烤火炉虽然打开以后能发出红光，但那却不是真正带给我们温暖的红外线。

那究竟为什么烤火炉要使用红光呢？其理由有两个。

一个是，如果烤火炉不发出任何颜色而一直保持暗沉状态的话，我们就感受不到"温暖"。当然，事实上红外线正在源源不断地为我们传送着热能。但我们脑海中"明亮=温暖"的印象实在是过于根深蒂固。

因此，烤火炉散发出的肉眼可见的红色光

芒让我们精神上也感受到了温暖。

　　此外，另一个理由是，如果没有颜色，那么我们就无法得知开关到底有没有被打开。如果疏忽之下一直开着炉子的话就会引发事故。烤火炉的红光也为我们规避了这样的危险。

为何身着红色内衣会更为健康

>>>

颜色对我们的身心都有巨大的作用。

"红色内衣"有助于身体健康就是一个好例子。

老年人聚集的东京巢鸭（地名）被称作"奶奶的原宿"。在巢鸭，我们能看到店铺里销售着许多的红色内衣。红色内衣真的那么有效果吗？

许多人认为这不过是使用者的自我催眠，

但事实上这是有科学依据的。

人看到红色会兴奋、紧张。

美国加利福尼亚大学的罗伯特·杰拉德曾调查过色彩对人体的影响。

他以美国的成年男性为对象，实施了这样的实验：将红、蓝、白三种颜色的光分别对准实验对象，检测颜色对人产生怎样的影响。

结果表明，使用红光时人的血压上升，呼吸次数、心跳次数、脉搏次数以及眨眼次数都有不同程度的增加。相反使用蓝光时，血压下降，呼吸次数、心跳次数、脉搏次数以及眨眼数都呈减少态势。

并且，他总结称，导致这样结果的原因在于人肌肉紧张程度的变化。即因不同颜色光束的照射，人的肌肉会发生相应的松弛或紧张的变化。

其后，另一位学者斯坦也对此进行了调

查。除了红、蓝之外，他还调查了绿、黄、橙色，并用数字表示出不同颜色对肌肉的紧张程度会造成怎样的影响。

这就是色调值。

参考附图1可知，色调值大的颜色会使肌肉和神经变得兴奋、紧张，而色调值小的颜色会让肌肉和神经松弛。

因此，我们应该使用红、橙、黄色来加油鼓劲，用米色、蓝、绿色等凝神静气。

因为这个道理，看到了红色的内衣，老年人也会觉得身体里充满朝气。

花甲之年的老人之所以经常身着红色的长坎肩，究其原因，也是因为"红色使人充满朝气"的道理。

此外，红色不仅能让人看到后变得兴奋、紧张，也能同时使人的皮肤产生一些感觉。正如先前我们提到的海伦·凯勒的例子一样，我们的皮肤其实具有分辨光线的能力。

红布制成的内衣能透过红光让皮肤温度上升。烦恼体温处于低水平的现代人（特别是女性）也许应该多穿穿红色内衣。

在色调值的图表中仅仅用颜色加以区分，但其实同一种颜色也会因色调和素材的差别而有不同的数值。

同为红色，鲜亮的红色——特别是在使用丝绸、人造纤维等有光泽的素材时，色调值会相应变高。相反，淡红色也许更具有沉稳的效果。

因此，我推荐叹息自己"最近老没有精神"的人士试着穿一下红衣服、红衬衫、红裤子。

穿色彩色调值高的衣服决一胜负

红色能使人更为兴奋、紧张。

以前，女性官员常在重要的会议以及演讲时身着红色西服出现，并将之称为"胜负服"。那不仅是个人喜好，更是最大限度地利用"红色"这一种颜色的力量的表现。

在体育世界中，也有"红色队服的队伍比较强"、"穿红色衣服能刷新纪录"的说法。

足球比赛中，浦和红宝石在J联盟中总是名

列前茅，而韩国代表队也总是在身着红色球衣时更具实力。韩国代表队在客场时总是穿白色球衣，但总让人觉得气势并不强劲，我认为这不单纯是我的心理作用。

上文中我们曾经介绍过，罗伯特·杰拉德的实验告诉我们红色能使人更为兴奋、紧张。身着色调值更高的红色球衣时，紧张、兴奋的程度也会相应变高，所以理所应当地能发挥出比原有实力更大的力量。

因此，我对穿蓝色球衣和红色球衣时实际上脉搏次数会有怎样的变化进行了实际调查。

我的公司为公司所在地的"町田泽维亚"球队提供了赞助支持。球队平常穿的是蓝色的球衣。应实验要求，我请他们穿上红色球衣，在他们做了相同的运动量后测量了他们心跳次数的变化。

结果显示，身着蓝色球衣时的平均心跳数

为122，而身着红色球衣时则为126.6。

虽然没有非常极端的差别，但从中我们可以看出，身着红色球衣时心跳次数增加了。第二天我也进行了相同的实验，但两种颜色之间的差别几乎消失了，我们可以推想这是因为球员已经习惯了红色。

在体彩中，若两只球队的胜率为五五，那么我一定会选择红色球衣的队伍。红色球衣更能使队员精力充沛，结果就有更大概率取得胜利。

运动会中"红组强于白组"的原因

<<<

你知道小学运动会中的红组和白组哪个比较强吗?

可能有人会说,"红组和白组的胜率肯定都是50%",但事实并非如此。

在与常年从事小学教育的教师交谈后,我发现他们都提到 "红组胜得更多"。可以说,这也与色彩的力量有很深的关系。

其实,除了红色以外也有色调值很高的颜

色。那么，为什么其中红色的效果尤其明显呢？

我认为，这恐怕和印刻在人类基因中的记忆有一些关系。看到血会变得兴奋是动物的本能，身为现代人的我们无疑也继承了这一基因。

原始社会，我们的祖先在战争中一见到血光就会进入兴奋状态。自那一刻开始厮杀。

反过来，我们也可以推想，见到血光而不兴奋的人往往会死于战场。这样一来，只有见到血光会兴奋的人的子孙后代才能存活下去。

为了最大限度地利用红色的力量，在需要决胜的时刻，我推荐大家准备一套红色的衣服或者衬衫。在你想成为主人公的场合穿上它。

这样一来，不仅你自己能够充满朝气，周围人看到你身上的红色肯定也会为你加油鼓劲。

但是，这里有一个问题。

在运动中穿红色衣服时，不仅自己会兴奋，周围的对手看见你身上的红色也会渐渐开始兴奋。这样一来，即使刚开始红色发挥了一定的效果，随着时间的流逝也会产生对对手有利的作用。那样就毫无意义了。

因此我想，应该以红色衣服打底，外面穿色调较低颜色的衣服。这听着有点像开玩笑，但这不仅能让自己兴奋、紧张起来，也能起到让对手松弛、镇静的作用。

底层采用鲜艳的颜色，表面使用朴素的颜色，这与江户町人的服装相差无几。目前为止，这仅仅是我的突发奇想，但我相信在某处一定已经开始了这样的研究。

事实上，在以奥运会为首的体育世界中，色调也备受瞩目。我坚信，这样的研究成果一定会被广泛运用。

将红色的照明灯变成蓝色能减少犯罪率

>>>

　　若能良好地运用颜色也有助于保持内心的平静。

　　不仅如此，颜色的使用方法还可能左右人的生命。

　　这听起来有些骇人但却是事实。

　　我曾经看到过这样一个新闻标题——"蓝光对防止铁路自杀起到了一定的积极作用"。

　　"为了防止多发的跳轨自杀事件再次发

生，JR西日本大阪分公司（大阪市）试验性地在阪和线以及关西线的32道口装上了发蓝光的二极管（LED）照明灯。9日我报得知，过去一年死亡事故为零。这一行动在全国铁路中尚属首次，专家表示：'蓝光具有使人精神稳定的功能，从防止自杀的观点来看也很有创意'，对此提出赞扬。"（《MSN产经新闻》2008年2月9日）

根据报道，装备照明灯的32道口以往跳轨自杀等死亡事故每年多达4~9起。但设置照明灯以后数量为零。这无疑是非常显著的效果。

如果知道色调值的原理，那么我们也就能马上明白其中的道理。

这正是因为蓝色有使人镇静的效果。

我们可以想象，即使有人一时冲动想要自杀，在看到蓝色灯光以后，那样的冲动也会得以抑制，在情况变得危急之前悬崖勒马。

相反，如果在那时看到红色系的灯光会怎么样呢？说不定会一下子陷入兴奋状态，再也无法压抑自杀的冲动。

在日本首都圈，特别是从东京出发经过新宿开往西边的中央线上频发跳轨自杀的事故。

其理由可能有很多，但我认为这与中央线的电车是橙色的也不无关系。

此外，还有将照明灯换成蓝色以后犯罪率降低的事例。英国北部的格拉斯哥市本来是为了美化市容而引入了蓝灯，其后却发现该市的犯罪率发生了戏剧性的减少。

当然，这一情况也符合色调值的原理。在日本，引入蓝色路灯的地方政府也在不断增加，我相信有一些读者或许已经亲眼看到过蓝色路灯了。

我也见过蓝色的路灯，感觉它让我的心灵一下子变得澄澈了。虽然冬天看上去会很冷，但是却一点都不会让人想要做出冲动的行为。

想让心灵平静的时候，也许可以试着在睡觉前沐浴时打开蓝色的灯光。在浴室照明灯的灯罩上铺上蓝色的滤纸然后放松地沐浴的话，我相信你一定能够忘记白天的忧虑并安然入梦。

在高速公路隧道中用橙色灯光能缓解堵车

>>>

高速公路的隧道中总是使用橙色的灯光。

相信大家或多或少都曾感到奇怪。

为什么不能是白色呢？

其实这样做是有理由的。上了年纪的读者可能还记得，从前高速公路上的灯光是白色的，可那时各地的公路总是频发堵塞现象。

调查原因后发现，在汽车数量不多时隧道入口处也容易发生堵车。因此，为了解决堵车问题，特别引入了橙色照明灯。

在说明其缘由之前，先让我们来一起想一想，为什么隧道入口容易堵车吧。

其实理由很容易猜到。

那就是人类在进入暗处之前总容易抱有恐惧心理。

我想，这也许是从原始时代开始就深深扎根于人们心中的记忆。那时，也许有无数人在黑暗中受到猛兽袭击或者坠入洞穴而丧失生命。人类对黑暗带有生物学上的恐怖感。

再加上人们正开着时速100公里的汽车，些许误差就会造成生命危险。这种种的恐惧感压在人们心头，促使人们在进入隧道前踩下刹车。

这样一来，汽车尾部的刹车灯就会亮起。后面的车辆看到以后就会接二连三地踩下刹车，从而造成交通堵塞。

那么，我们该如何解决这个问题呢？

我们首先可能会想到一个比较极端的方法，那就是将隧道内部照亮到如同白昼。可这一方法需要用到大量的灯管，即使有可能实现也要花费巨额的装备费用和光热费用。

因此，作为第二选择的橙色灯光被采纳了。

那么，为什么是橙色而不是其他颜色呢？

其理由有二：

一是橙色从远处很容易看见。

从隧道外面也很容易辨识出橙色的灯光。蓝色灯光却没有这么明显。红色系的灯光具有比蓝色系的灯光更容易从远处看见的特征。

出现这一现象的原因是红色系灯光的波长较长。我们看到晚霞如血也是这个原因。傍晚的太阳位于地平线附近，所以透过大气这一层障碍的距离被拉长，蓝色系灯光难以透过，仅有红色系的灯光能映入人们的眼帘。

这样说来好像在隧道中使用红色灯光更有效果，但我们知道红色对于驾驶员来说总有"红灯=停止通行"的印象，所以并不适合做隧道灯光。因此，最后才采用了波长仅次于红色的橙色。

第二个理由是如果采用与室外同种颜色的灯光，而隧道中较暗的话，人的眼睛会适应不了。

确实，如果使用的电量相同，白色灯光比橙色灯光显得更为明亮。但如果使用与隧道外的自然光同种颜色的白色灯光的话，进入隧道以后就会感到一下子变暗了。人的眼睛具有这样的生理特征。

但如果使用色相完全不同的橙色的话，就不需要担心了。并且，橙色波长较长易于从远处看到，人的眼睛就更容易尽早习惯，看得也就更清楚。 这样一来，在隧道入口踩下刹车的人就会减少，也就达到了防止堵车的效果。

除此之外，橙色还有一种功能，就是让人感到十分温暖。

荧光灯的白色是看起来冷漠且公务型的颜色。因此，比起白色，橙色灯光更能让驾驶员感到安心，以此来减少事故的发生。

"白色的车"很少出事故的原因

<<<

交通事故和颜色也有密不可分的联系。

据说白色的车辆更少发生事故。

虽然没有具体地统计，但我熟识的一名警察基于以往经验对我说了这样的话。

最大的理由就在于白色是"前进色"。

将同种车型的黑车和白车摆在一起的话，白车看起来比较近，黑车看起来比较远。也就是说，在同等距离下，白色看起来较为靠近，黑色看起来比较远离。

觉得车距离很近的话，步行者与对面的车辆自然而然就会开始注意。步行者可能会停止过马路，对面车辆也会等一下再右转。

但如果是黑色或其他深色的后退色车型的话，就容易让人觉得车辆距离尚远，行人也许会强行过马路，对向车辆也许会贸然右转从而引发事故。

前进色（正式名称为近感色）和后退色其实与膨胀色（看起来比实际体积大）、紧张色（看起来比实际体积小）一样，是根据人对颜色的感觉来区分颜色的方法。换言之，我们可以说前进色是"飞入眼帘的颜色"，后退色是"难以入眼的颜色"。

傍晚是事故最为频发的时间段，如果车体的颜色在这一时间段也能一下子就看得到，那么相信事故的发生率也会降低。

同样的情况也适用于行人的服装。老年人傍晚出行时，比起偏黑的后退色衣服，穿偏白颜色的衣服更能减少遭遇事故的风险。

　　除了白色以外，红色和橙色也是具有代表性的前进色。也许有人会说，"那车不一定是白色，红色或者橙色不也行吗？"

　　但是，在傍晚时，红色和橙色看起来偏黑。颜色有时会因为光线从前进色变为后退色。

　　此外，因为红色和橙色色调值较高，所以一直注视这类颜色的车辆的话，人就会情不自禁地兴奋起来。而驾驶员的兴奋常常是导致事故的最大原因。虽然橙色、红色是前进色，但色调值较高却会造成事故频发。

　　所以，色调值低且身为前进色的白色可以说是最为安全的颜色。

　　相反，道路施工中的方向指引牌就良好地

利用了红色、橙色的这一性质。方向箭头的作用就是阻止车辆经过施工区域，引导车辆开向其他车道。

方向箭头为红色的最大理由就是红色是前进色。因为方向箭头最重要的功能就是要让人看得见。

另外一个理由就是，色调高的红色能让人兴奋，促使人想要跟随箭头的指示行动。用红色来指引应该行进的方向的话，我们也自然而然就会跟着箭头走向正确的方向。

假如方向箭头是沉稳的蓝色的话会怎么样呢？请大家想象一下。我猜大家肯定不会想要跟着箭头走。

迷彩色——"颜色多"就看不见

<<<

有一种服装叫作迷彩服。

这是为了战斗而开发出来的服装。

为了融入战斗时周边的环境，专家进行了专门的研究，将绿、黑、棕色组合在了一起。

我们称之为迷彩色，事实上这才是"究极后退色"。这和昆虫为躲避天敌而将自身颜色与周围环境颜色同化是一个道理。

但大家听到迷彩服三个字时，会产生怎样

的联想呢？恐怕大家都会想到士兵们在训练中穿着的绿色茶色交错的服装。

确实那也是迷彩服。但迷彩服其实还有很多种类。举例来说，美军的迷彩服就有一百多种。

有人会感到奇怪，不敢相信。但在这里，请大家仔细想一想。

如果穿着绿棕的迷彩服在沙漠中战斗的话瞬间就会被敌人发现。

在沙漠中，那样的迷彩服无法发挥应有的功效。

那么，沙漠中的迷彩服是什么样的呢？看一看驻扎中东地区的美军服装就知道了。他们身上穿着的是能和沙漠融为一体的卡其色纯色军装。在沙漠中，这才叫作迷彩服。

像这样，在沙漠中穿着能融入沙漠的衣服，在草原上身着与草一色的衣服。在不同的地方穿着与该地相对应的颜色，虽然我们统一称之为迷彩服，但根据不同地区和不同情况，颜色组合也不尽相同。

那么，适合都市的迷彩服是什么呢？

显然那就是不花哨的西装和朴素的领带了。如果想在城市里搞秘密活动，那么身着西装搭配领带的"迷彩服"，成功率明显是最高的。

美国走在迷彩服研究的最前沿。

我们将无法用视觉与雷达感知的性质称为"隐形性"，美军一直致力于对隐形性的科学研究。他们预测出各种各样的情况，不断研究进行怎样的颜色搭配才能最好地融入环境当中。

为了追求完全的隐形性，就需要能应对多种环境和情况的迷彩服，最终美军研制出了100多种迷彩服。

并且，比起武器和车辆，"服装"的花费非常之低。美军正是彻底贯彻了这种经济实惠的保命方法。

　　就是当被派遣前去的地域都在国内，地方不同军队指定穿着的迷彩服也不同。

你一定要知道的互补色

<<<

仅凭颜色的搭配就能让饭菜显得更美味。

意大利面在制作工序的最后会加入番茄酱。

酱料的红色虽然十分鲜艳，但整体略显单调使人感觉沉重，有时无法激发人的食欲。

有一种方法能够瞬间就让意大利面显得美味无比。

那就是在盘中摆上香芹或者罗勒的叶子。

只要在基调为红色的盘中略微加上一些浓绿色的叶子，两种颜色就会开始交相辉映，显得有深有浅。这样一来，就让人觉得对事物的味道也充满了期待。

　　红与绿是互补色，所以能最大限度地发挥出这样的作用。

　　互补色简单来说就是相反的颜色。如果能知道哪些颜色为互补色的话，就能够做出非常吸引人的饭菜。

　　附图2是色相图，处于相反位置的颜色是彼此的互补色。例如，蓝色和偏黄的橙色，紫色和黄绿色就是互补色。

　　当然，在饭菜之外还有很多地方也能通过良好的运用互补色发挥出引人注目的效果。

　　有一个实验能让我们在没有色相图的情况下也能记住互补色。

　　首先，请大家准备好白色的纸张。然后，

请大家打开本书附图3，注视上面的红色圆状物30秒钟。

接下来，请大家迅速将眼睛投向事先准备好的白色纸张。

明明是白色的纸张，但相信大家的眼前或多或少都会出现一些绿色的残像。这个残像的颜色就是互补色。

也就是说，如果一直注视着一种颜色（上面提到的红色）的话，为了缓和这种颜色带来的刺激，每个人的身体中生理性防卫的本能就会自动发挥作用，在视网膜中浮现出相反的颜色。这就是为什么大家会在实验中看到绿色，我们将之称为补色的定义。

值得一提的是，深红色的互补色是深绿色，而浅红色的互补色是浅绿色。

炸猪排和卷心菜也恰好就是互补色。

通过淡棕色和浅绿色的组合，炸猪排显得

更为美味，从而更能引发人的食欲。

做炸猪排时，除了运用互补色，还会通过调节同色系颜色的浓淡来使猪排看上去更好吃。比如说，淡棕色的炸猪排和深棕色的酱料就是如此。我们不仅能使用互补色，还能组合同色系不同浓淡程度的颜色来引人注目。

其实还远不止如此。炸猪排时有一样必不可少的东西，那就是芥末。芥末的浓黄色成为拉动整体效果的亮点，使得同色系的棕色酱料与猪排也更加美味。

可以毫不夸张地说，炸猪排中蕴含着很多处理颜色的基本原理。另外，也请大家不要将思维停留在食物方面，在进行商品开发和包装的研究时，也一定多思考互补色的作用。

如何更为明智地利用"蓝色的减肥效果"

<<<

　　颜色有控制我们食欲的力量。

　　颜色不仅能够增加食欲更能够减少食欲。

如果能运用颜色减少食欲的话，对减肥也会有

所帮助。

　　比如说，蓝紫色的灯光。

　　这个颜色能够很大程度上减少食欲。

　　如果在餐桌旁开上蓝紫色的滤光器的话，

保证你就什么东西都不想吃了。与红色能让我

们充满活力正好相反，蓝紫色是让人丧失活力的颜色。就算特别想要减肥，在这样的灯光下吃饭也让人高兴不起来。

我在这正想着呢，就听说最近真的出现了一种商品叫作"蓝色减肥眼镜"。这真的让人特别吃惊。

有趣的是，食物中很少出现蓝紫色系。

我甚至无法想象在米饭上撒上蓝紫色的紫菜盐（日本一种撒在饭上吃的粉状食品）。虽然有一种海藻佃煮叫作"江户紫"，但那只不过是商品名称，跟紫色没什么关系。

与之相反，能激发人的食欲的颜色是偏黄的电灯泡的颜色。

在百货商场的食物卖场中我们常常能看见，商家使用的不是荧光灯而是散发温度的电灯泡（或者发出电灯泡颜色的荧光灯），那正是因为那种颜色有激发食欲的作用。

并且，让人感到温暖的光源更能使食物看起来美味无比。几乎所有的寿司店都使用着电灯泡。

如果你正在烦恼孩子老不吃饭，或者明明用心做了饭家里人却不给面子的话，不如检查一下房间里的灯光颜色吧。如果你使用的是白色或是白天颜色的荧光灯，就换成电灯泡或是电灯泡颜色的荧光灯吧。

事实上，在白色或是白天颜色的荧光灯下看金枪鱼刺身的话，会让人觉得腻味。荧光灯的灯光中包含有很多的蓝光，所以会让菜肴显得乏味。

从食材上来说，梅干的红色最能增加人的食欲。

红色分许多种，比起接近粉色的淡红和可能会被称为"金赤"的橙红色，带有一点黑色的梅干一般的红色效果最好。只是想象一下就口水直流。我认为这绝不仅仅是因为人联想到了梅干的酸味，梅干的颜色也发挥了很大的作用。

生意兴隆的餐厅与门庭冷落的餐厅对于颜色的感觉常常有很大的区别。

餐厅吸引客人的要素不仅在于味道和服务，店面的感觉也非常重要。无论餐厅菜肴如何美味，服务多么周到，如果店面让客人产生不了想进去的欲望，那就没有客源。

重要的是要使用让人感到温暖的灯光，让所有的一切看起来都十分美味。

我认为最重要的卖点就是增加 "吱吱感"（sizzle感），我也经常就此提出建议。吱吱（sizzle）这个词本来是形容烤肉或者牛排时发出的 "吱吱声"，但我认为颜色也能表现出那样的现场感。

如果能酿造出吱吱感十足的氛围的话，就

能激发出路过行人的食欲，让他们光临自己的餐厅。

　　大家肯定都有过被烤鸡肉店的香味吸引，不知不觉就跑进去尝尝的经历吧。那是食物香味传达出来的吱吱感，而颜色也能起到这样的效果。

　　如果能够像这样明确颜色的性质的话，在商务工作中也会大有可为。

"赚钱的颜色"与"亏损的颜色"

SHANGYONGSECAIXINLIXUE

第二章

提高工作效率的灰色

颜色有时会对工作效率产生很大的影响。

这是一个发生在工厂中的真实故事。

员工开始总向上抱怨说，明明工作量没有变，但总感觉特别累。公司也为此花费了很多时间进行了各种各样的调查，想明白其中的原因。

通风良好，工厂的照明也没有问题。休息时间也足够，并且员工们都很健康。

公司对可能出现的问题进行了彻底的调查，终于发现了其中的原因。那就是员工们搬运的"箱子的颜色"比以前变黑了。

其实，颜色是有重量的。

正确地说，人心理上会觉得有些颜色"感觉很重"而有些颜色"感觉很轻"。

白色的真实重量和心理重量一致，所以在颜色中感觉最轻。相反，黑色就显得很重。

知道了原因，那么问题解决起来就很简单了。那个工厂马上把箱子的颜色变成了明亮的浅灰色。当然，如果变成白色的话会让人感觉更轻，但那样一来也会更容易脏。

通过那样一个简单的改变，大家都觉得轻松了，原因不明的疲惫感也减少了。

也许有人会质疑，"真的会发生这样的事吗？"

如果你心里也有这样的想法，就请参考一

下附图4吧。上面画着形状以及真实重量完全一致的箱子，差别只在颜色的不同。

很明显，黑色箱子看起来比较重吧？顺便说一句，我的手机是白色的，买它的原因就是因为它看上去很轻。

关于颜色与重量，其实有一组很有趣的数字。

这组数据显示出在同等重量的情况下黑色的物品看上去较重。对我产生了很大影响的已故原东洋大学教授野村顺一，曾在他的著作《颜色的秘密》中介绍了这组数据。

数据来源于美国某所大学的调查。（见附图4）这里重视的不是真实重量，而是对颜色的看法与感受以及心理重量。虽然不能说是百分之百，但参与实验的绝大多数人员都是这样看、这样想的。

因为颜色而对重量产生的不同看法甚至会

波及味觉。

在江米团以及豆沙水果凉粉中我们会用到"黑馅"和"白馅"，或是"黑糖"、"白糖"，道理也是一样。即使甜度相同，"黑馅"也会让人感觉比"白馅"更甜。

这也是因为颜色对我们的心灵产生了一些影响。

黑色给人以厚重之感，所以甜味也会更加淳厚。

事实上，"白糖"是由"黑糖"精炼而成的，所以"白糖"理应比黑糖更甜。但我们却觉得黑糖非常甜，这也是因为黑色给人更厚重的感觉。

昂贵的商品为何经常是黑色

>>>

　　大家还记得手机刚刚上市时的样子吗？

　　那个时候手机基本上都是黑色或者深灰色。作为手机前身的汽车电话也天经地义地全是黑色。

　　到了20世纪90年代后期，银色和浅灰色的品种开始登上舞台。而红色和蓝色这些五彩缤纷的颜色到了2000年以后才开始出现。

　　那么，为什么最初的手机颜色是黑色或者

深灰色呢？那是因为就当时的手机费用来讲，补偿金和签约金加起来大约15万日元，而每月的基本费用在1.6万日元左右，非常高昂，所以需要采用偏黑的颜色来增加手机的高级感。

大家想象一下吧。如果是没什么高级感的白色手机，就有可能会让人觉得太贵了。但是如果是黑色，人们往往就能够接受。

这样一想，在那个每家只有一台固话的年代，电话清一色全是黑色。可以说当时"电话=高档商品"的印象非常之强。然而，后来除了NTT（时为电电公社）以外，其他厂商也进入了手机市场，手机费用降低了。等到了每个房间都能装上一部电话时，明亮的颜色或者彩色就开始进入了人们的生活。

能够最大限度地显示出高级感的颜色就是黑色。

有两个理由：

第一，黑色是所有颜色的基础色。因此黑色总给人一种模板的感觉。

第二，黑色是有厚重感的颜色。我们在前一节中也曾提到，黑色物品给人的感觉越厚重，它的价格就显得越高。涂成黑色的长椅正因为让人感受到了重量，所以酝酿出了高级的氛围。

有一个例子很好地证明了这两点，那就是出租车和包车服务中用的颜色。

驾驶在东京的出租车因为五彩缤纷的颜色给人很大的亲近感，所以乘客能够非常轻松地乘坐。而包车服务中常常用到黑色，给人以高级且正式的感觉。

将车涂成黑色，就会让人觉得这辆车是在特别的时间、为了接送特别的人而使用的。

此外，不仅仅是灰色与黑色这样的无彩

色，即使同属红色系，也有因为不同的浓淡程度而给人以高级感的红色。（请参考附图6）

深沉的酒红色就是如此，所以正规的商铺以及售卖高档商品的专柜常常使用酒红色。相反，鲜艳的如火一般的红色就常常出现在氛围轻松的店铺中，比如打折店。

虽然都是红色，如果弄错了它们的使用方法也许就会带来不尽如人意的结果。无论是怎样正式、高级的颜色，如果将其使用在薄利多销的商店中的话，就会抬高对顾客的门槛，造成销售额停滞不前。

价格标签颜色的秘密

超市以及量贩店常常很注意"价格标签的颜色"。

因为只需要改变"价格标签的颜色"或者字体，就能随心所欲地让价格显得昂贵或者便宜。如果想让顾客多买一些，那就有必要让价格标签显得十分便宜，这不需要我多说。

那么，怎样的价格标签表现昂贵，怎样的价格标签感觉便宜呢？

请大家对比一下附图6。

一般来说，鲜艳的红色以及绿色价签给人感觉很便宜。这可以说是因为历来在减价销售时总会使用这样的颜色，使其廉价的印象深入人心。而在廉价品和打折品旁标注的"红色价签"更加强了这样的印象。

但请大家记住一点，日本人会觉得"红色=廉价"，却不一定同样适用于外国人。例如，在中国红色就带有"传统的、吉利的"好意思。在意大利，酒红色是高端美的象征。

此外，前文中也提到，黑色让人觉得高级。因此，像附图6中那样黑底白字的价签只适用于非常高档的商品。如果在日常用品或特价品中使用这样的价签的话，肯定卖不出去。

那么，字体的差别又会有怎样的影响呢？字体其实左右着顾客的购买行为和购买欲望。

附图6比较了"正体字"和"斜体字",相较而言,斜体字给人更活跃的感觉。

这样"活跃"的感觉往往会刺激顾客的大脑,引发购买的欲望。事实上,如果仔细观察超市中的蔬菜摊和鲜鱼摊的话就会发现其中有很多的斜体字。

另外,字体越粗,客人就越想买。看到这,也许会有人觉得这是一派胡言。但是我们消费者其实在买自己想要的东西的同时,也会觉得自己选择过于麻烦,希望有人来帮自己做决定。

粗字体正是利用了这一点。

如果价签上出现了粗字体的话,就让消费者感到更安心,会不自觉地买下来。而在餐厅的菜单上,我们也总会更关注粗字标注的菜肴。

如果我们像这样来仔细关注价签、菜单的配色和字体的话,也就能非常轻松地了解这家店的方针和意思了。

"赚钱"还是"亏损"由颜色决定

<<<

　　如果能深入地了解"颜色"的话，就能有效地推进工作的进度。

　　颜色会影响"人的心"，并作用于"人的心"，所以这也是理所当然的事情。

　　比如，公司的标志颜色……

　　没有什么比象征公司的颜色更能正确传达那家公司的个性了。

　　Logo的颜色，公司吉祥物的"色彩"，店铺中的"配色"等，无论这些颜色中是否包含着特殊的含义，都融入了这家公司的战略与氛围。

我们经常在公司制作招牌、装修店铺时提议要选择符合公司特质的颜色。

当然，在决定标志颜色时，需要对业务种类以及店铺进行均衡地综合考虑。

但是，更重要的是，公司的方针是什么，想以怎样的理念开设店铺。

例如，如果是一家有很多年轻人，富有挑战精神的公司的话，就经常会使用红、黄色系的颜色。

此外，如果是在业界得到公认的公司的话，有时最好使用沉稳的无彩色。

从标志颜色中，我们就能判断出哪些公司在经济繁荣时蓬勃发展，哪些公司在经济萧条时屹立不倒。

附图5以东证一部以及JASDAQ中的上市企业为对象，根据标志颜色进行了分类，表示的是这些企业在2004～2008年之间股价的变化。

在制作图表时，我主要关注的标志颜色是四个："常用在店铺中的色彩"、"面向一般消费者销售的商品Logo的颜色"、"正在使用的公司吉祥物的颜色"、"在形象战略中主要使用的色彩"。

其中，我将给消费者印象最为强烈的色彩分类为红、黄、绿、蓝、黑及其他（不考虑面向法人销售商品的公司、2004~2008年公司名变更、股权分割、新上市和退市公司）。

如果将2004年的平均股价设定为100的话，从表中我们也能看出，到2006年为止股价呈现整体上升态势。到了2008年，经济出现衰退势头，股价一泻千里。

即使如此，我们也能够注意到，标志颜色

不同，上升、下降的倾向出现了一些差别。

特别值得一提的是，标志颜色为黑色的公司。

到2006年为止，比起其他颜色，其股价上升的幅度更大，但其后下降幅度也更大，到了2008年已经下降至与其他颜色同等的水平。

这表示什么呢？

经济繁荣的时代，说得夸张一点，是"什么都卖得出去的时代"。消费者手中有闲钱，所以品质高、受到一致好评的商品被大家追捧。我们可以认为，以黑色为标志颜色的公司股价上升正代表着业绩稳定的公司得到了好评。

但是，在经济状况变坏时，消费者的眼光变得更高。

比起品质来，消费者更重视价格。

那样一来，使用鲜艳颜色作为标志颜色的

风险企业的商品开始畅销,相对地,以黑色作为标志颜色的公司股价就会下降。正如前文所说,标志颜色代表着公司的战略、商品、氛围等所有的特质。

再加上经济萧条时,人们往往心情沉重。在这时,比起形象朴素的公司,人们更容易注意到颜色鲜艳充满朝气的公司。

还有,我认为事业报告书以及公司宣传册中的配色也在很大程度上影响着公司的股价。

投资家手上拿着那样的资料时,常常会发生这样的事。在经济繁荣时,他们往往会对沉稳的配色感到安心,而在经济萧条时,他们往往会被有活力的公司吸引。

这样一来,只要关注公司的标志颜色,我们就有根据判断出哪些公司在经济繁荣时会蓬勃发展,哪些公司在经济萧条时会屹立不倒。

"经典色"红色的运用

>>>

　　每个行业都有"经典色"。

　　例如，小酒馆的经典色就是红色。也就是传说中的"酒馆红"。

　　红色不仅适合小酒馆，也适合使用在餐厅中。因为红色让人感到温暖、安心，所以人们往往在看到红色招牌时就会产生进去看看的冲动。

　　酒馆的红灯笼就是好例子。使用红色招牌

的话，即使从很远的地方也容易看见。

此外，我们在前一章中详细介绍了红色是色调值很高的颜色。

色调值高的颜色具有让人体更有活力的效果。这就表示红色可以刺激人的欲望——食欲等。

因为这些理由，红色招牌的居酒屋连锁店才能逐渐扩大它的规模。

但事实上，即使登上舞台时显得很有刺激性，随着时间流逝人们也会逐渐习惯这样的颜色。并且，最后甚至会感到厌烦，开始想要其他的颜色。因此，经典以及流行的颜色注定处于不断变化的命运之中。

我感觉，酒馆红其实也已经到了快要被人们抛弃的阶段了。让我们将这样的前提放入脑中，来看一下更换店铺外装修事例吧。

想更换外装修的店铺是位于商务街某栋大

厦一楼的一家小酒馆。在更换装修之前，酒馆红就是这家店的特色。但是，这条街上的小酒馆其实正处于过度竞争当中，仅靠酒馆红无法凸显与其他小酒馆的差别。

此外，红色虽然存在感很强，但是因为"红色"所占的比例远远大于"白色"，所以红色过于引人注目，反而给行人具有攻击性的印象。另外，招牌中使用的字体是较细的明朝体，给人十分庄严的印象。

这家店的卖点是新鲜的海鲜，经营理念是"想让客人在轻松的氛围中品尝美味的食品"。

但是如果使用刺激性强的红色的话，不仅不能给人这样的印象，反而会起到反效果。硬要我说的话，其实红色是比较适合快餐店的配色。

因此在重新装修时，就必须考虑怎样处理

这个红色。但即便如此，也不能因为海鲜是卖点就使用让人食欲不振的青紫色系。

所以，我选择以让人感到温暖的"米黄色"为基色，渲染出了沉稳的氛围。淡棕色系的配色系给人很日常的感觉，所以能够让人没有任何负担地走进店里。此外，还将字体换成了圆润的手写体，酝酿出了轻松的氛围。

"同行业中某家公司产品非常畅销，所以依瓢画葫芦"的想法即使暂时取得了成果，也总会有不再管用的一天。请大家一定要记住这一点。（见附图6-9）

生意的成败取决于"颜色"

SHANGYONGSECAIXINLIXUE

第三章

不要在有"蓝色墙壁的房间"中开会

>>>

"室内装修成红色的房间"和"室内装修成蓝色的房间"……

如果想早些结束烦琐的会议的话，你会选择哪一种装修呢？

可能大家会觉得"不都差不多嘛"，但事实并非如此。

奇妙的是，人类对时间的感受其实也会因周围的颜色而产生变化。

事实上，我在公司做过这样的实验。我分别在开会时在6点左右的房间里降下红色的卷帘与蓝色的卷帘，并询问参会者在两种情况下的感受，加以比较。

结果，其实两个会议的时长都是两小时，但在红色房间大家所认为的平均时长是"2小时54分钟"，而在蓝色房间则是"1小时10分钟"。

这表明在以红色为基调的房间中，大家感觉到的时间是真实时间的1.5倍，而在以蓝色为基调的房间中，大家感受到的时间则是真实时间的0.6倍。

换言之，即使是同样时长的会议，在红色房间中会让人觉得"已经开了很长时间了啊"、"开了这么久的会已经够了吧"，但在蓝色房间中则会让人觉得"还没开多长时间"、"还可以再多讨论一下"。

因此，如果会议当中希望就一些事项进行仔细讨论的话，我建议大家使用"蓝色装修或是窗帘"的房间。

相反，如果想快点结束烦琐或者形式上的会议的话，我就推荐大家使用"红色装修或是窗帘"的房间。

那么，为什么会发生这样的现象呢？

那是因为颜色有左右人情感的功能。

即使本人没有意识到这一点，但事实上人的排汗量以及心跳次数都会受到自己周围颜色的影响，最后使人对时间的感觉也产生变化。

正如我多次提到的一样，如果人看到色调值高的红色的话，就会进入兴奋、紧张的状态，排汗量以及心跳次数都会增加。这样一来，虽然能让人暂时集中于各种各样的事务当中，但同时也会让人觉得耗费了很长的时间。

相反，在看到色调值低的蓝色时，人的心

情得以放松，心跳次数也会减少。那么人就会感到时间的流逝变慢了。

　　这些颜色所带来的效果在红色与蓝色上体现得尤为明显，但其实每种颜色都具有这些效果。此外，即使同为红色，鲜艳的红与暗沉的红的效果也截然不同。

红色墙壁为什么能提高餐厅回头率

>>>

色调值还可以运用在各种各样的商务领域中。

例如，在想要提高"餐厅的周转率"时就可以用到。餐厅如果周转率高就能赚到更多的钱。但在诸如呷哺呷哺的店中，有些顾客坐下以后很长时间都不会离店。

店员也会为此做出很多努力，比如把空锅撤掉，或者询问客人是否需要饮料续杯。但如果做得太过火的话就会让顾客对餐厅产生坏印象。

这个时候最好的方法就是把店内装修成红色。

这样一来，顾客就会觉得自己比真实时间待了更长的时间，不久就会想要起身离店。这样做既不会让顾客不快，也能提高餐厅的周转率。

相反，如果以蓝色或米黄色为基调来装修的话，顾客就会觉得"还没过多长时间"，在餐厅里就会待得更久。

事实上，在我常去的寿司店中就有一家宣称"我们店的主题就是红色"。店里有着很普通的柜台，对面是寿司师傅，但是师傅后面的背景却是红色。刚开始看不太习惯可能觉得有些奇怪，但只要坐下其实也不会有什么异样。

但是事实上会感觉到时间过得很快。

我常常在那家店和朋友详细地讨论一些事情，而且会确实感觉到"真的说了很多话啊"。

我随意问了一下店员，他们其实并不是为了提高周转率而使用的红色，但结果周转率确实有了明显的提高。

　　这就是仅靠颜色的使用方法就提高了餐厅销售额的好例子。

　　但是，请大家在此注意一点。红色不仅能让实际花费的时间变少，更具有刺激神经的效果，所以很容易使人疲惫。事实上，店员也说道："来了这个店以后更容易变累了。"

　　此外，在医院的等候室等想要让人感觉时间流逝得比较慢的地方就应该使用蓝色、米黄等色调值比较低的颜色，这样做或多或少都能减轻一些等待时的焦躁感。

为何"7-11"的招牌令人印象深刻

<<<

　　在商务领域中，有时配色能够发挥极其重要的作用。

　　我们不仅需要思考每一种颜色的性质，更需要了解怎样更好地搭配两种甚至三种颜色。

　　如果能将三种颜色进行完美搭配的话，它所带来的效果不仅仅是3倍，甚至能达到5倍、10倍。

　　这也会成为商务领域中一个非常重要的要

素。

如果能让顾客一看到公司招牌的颜色就马上想到这个公司的话，就成功了。在没有店名的情况下，光瞟一眼招牌能否产生对公司的认识，这一点往往会对业务产生巨大的影响。

因此，我们必须思考怎样的配色才具有比较大的冲击力，使人印象深刻。可以说，在这方面最花工夫的就是便利店了。

不知道大家是否曾注意到，在便利店的入口处被称为主立面的地方展示着各个公司的形象色，起着招牌的作用。那么，究竟哪一个招牌给人的印象最深刻呢？让我们来做一个实验。

附图7的四个颜色组合就是现在遍布全国的四个主要便利店公司的招牌色。大家看一看，是否看到颜色就能知道是哪个便利店呢？

我曾经以大学三、四年级学生为对象测试

过这个问题。

回答问题的是来参加我经营的广告公司的就业说明会的300余名学生。

结果，回答正确率如下：

1. 7-11是100%。

2. Family Mart是94%。

3. LAWSON是92%。

4. am/pm是87%。

当然，便利店数量的不同也会造成学生们认知度的差异，所以我们不能仅凭这一调查结果妄下推断，但这一结果其实在我的意料之中。

那么为什么100%的学生都能够认出7-11呢？

那是因为7-11采用了"能被记住的颜色组合"。为了使颜色造成的冲击留存在人的记忆当中，需要满足以下几个条件：

使用原色。

颜色数量不大于三种。

以合适的比例使用白色。

以这样的标准来评判7–11的招牌的话，我们就会发现，7–11所使用的橙色、绿色、红色这些原色是很有效果的。

除了原色的强烈效果之外，绿与红、橙的互补色关系更增加了它的威力。

因此，这三种颜色会给人"非常鲜艳的印象"，深深地印在人们的脑海里。

至少就颜色来讲，人在短时间内能记住的颜色最多也就是三种。四种以及四种以上的颜色很难被人记住，所以我们不得不赞叹7–11的绝妙搭配。

并且，在每个颜色之间还有着空白的地方。

通过把白色夹在每个颜色中间的做法，7–11使得橙、绿、红这三种颜色每一种都能对我们的脑海造成更强烈的冲击。

　　所以才令人印象深刻。

　　如果把这三种颜色紧紧连在一起的话，可能印象就会变得模糊了。

引人注目的商品"颜色顺序不同"

>>>

给人冲击力较小的招牌往往存在一个大问题。

我们先来以便利店的招牌为例说明一下。

比如，am/pm。

am/pm的招牌本身其实是有冲击力的。在我的调查中，回答正确率也达到了87%。可以说比起普通招牌其实已经很有冲击力了。但是在四家便利店之中不是属于最令人印象深刻的一组。

这是为什么呢?

am/pm的招牌除了白色还使用了四种颜色,每一种都是偏红的同系色,所以不能给人非常鲜明的印象。如果遮住招牌的话,我们很难回想起上面有哪些颜色。

特别是我感觉深粉色给人的印象应该最浅吧。

这个颜色其实是"舍色",也就是为了让其他颜色引人注目而使用的颜色。

舍色的例子一般来说就是,比如为了让黄色更鲜艳而在旁边配上深紫色。舍色是配色的一大技巧,用得好的话最能让人印象深刻。

但是,即使将深粉色作为舍色来看,在上下的颜色属于相近色系的颜色并且浓淡程度也类似的情况下,其实是不会有什么效果的。

我猜,am/pm本来是想将上面的两个颜色作为a.m.(上午),将下面的两个颜色作为

p.m.（下午）。遗憾的是，因为中间色过多，所以整体印象就变得有些稀薄。

从颜色鲜艳程度来看的话，Family Mart其实很出色。因此也很容易让人记住。但我觉得白色的比例其实不需要这么大。也许这样设计本意是想显得比较有品位，但是作为便利店的招牌来看的话，感染力也相应地变弱了。

LAWSON的招牌中蓝色是形象色，所以能给人一定的印象，但从便利店招牌的角度来讲冲击力不大。

无论如何，商店的招牌是那个商店的象征，所以其地位理应与国旗对一个国家的意义相同。相信大家应该知道，每个国家都对自己国旗上的每一种颜色赋予了各种各样非常重要的意义。

这样的决心是否也融入了每个商店的招牌，根据每个企业的理念不同也存在着一些差异。

　　为了让招牌能够更深入人心，我们有必要使用周围没有的比较特殊的颜色，但仅凭这一点是远远不够的。熟知颜色的性质并考虑配色与平衡，对于增加颜色给人留下的印象也意义重大。

"甩掉颜色引人注目"的技巧

>>>

怎样运用"舍色",这考验的是我们专业人士的技艺。

可以说,这是门外汉很难做好的领域。

下面我为大家介绍一个真实的例子。

那是一家在东京近郊某地铁站附近开设的牙科医院。在它周围聚集着15家以上的牙科医院,大家绞尽脑汁地争夺利润。

这家牙科医院的院长是一位女性,因其阳

光、开朗的性格深受患者的欢迎。

　　但这家牙科医院的选址却出现了一些问题。

　　店铺开业时，最重要的一点就是如何增加客流量。但这家牙科医院虽位于离地铁站不过两分钟的地方，却不能从人流多的大道上看见。

　　不仅如此。从建筑物的外观来看也很难判断出这是一家牙科医院，而且它使用了大面积的蓝色，使看到的人容易产生抵抗感，不太想进去。

　　不仅是牙科医院，在作这些商店的整修时，我总会考虑下面三个因素：

　　提高发现比率——即提高吸引行人眼球的比率。

　　提高魅力比率——即让被吸引了眼球的行人感受到这里的魅力。

　　提高引导比率——即让顾客能够毫无负担地走进店内或院内。

我希望能通过这些条件来提高商店的客流量。

说到整修时首先我们最重视的就是第一条，提高发现比率。而在这方面"舍色"能发挥很大的作用。

当然，将外装修全部更换也是一种方法，但我却硬留下了蓝色。因为如果进行100%的形象转变的话，会让患者对医院已经定型了的好印象也随之消失。

因此，我将蓝色按原样留下，并充分发挥它的本色，使它能够让我新加入的引人注目的前进色——橙色更显眼。

并且，我在入口处挂上了大面积的橙色招牌。我还在正面左侧面对着行人前进的方向挂上了写着"牙科"二字的招牌。

我把"牙"、"科"两个字分别写在了两个圆形招牌上，这也是有理由的。

医院周边的招牌和电线杆等全部都是由纵横的直线构成的，所以圆形招牌非常显眼。我试图以此让招牌区别于周边的事物，提高被发现的概率。

当然，橙色也意味着医生阳光的性格，包含着明亮、温暖、活力，也能提高让人感到魅力的概率。

另外，在入口左侧我设置了直立式的招牌，上面写着院长对患者的寄语。我希望这一招牌能在增加与患者的交流的同时，引起行人的兴趣，提高引导的概率。

在改变外装修之后，"路过时看到招牌所以来这看病"的患者由以往的每月6人，一举增加到了15人。

商店是否生意兴隆当然离不开企业家与工作人员的实力，但外装修其实也对此有很大的影响。我想这个例子就很好地证明了这一点。

为何药店往往"灯光明亮"

便利店和药店的灯光总是亮得甚至让人觉得有些刺眼。

虽然看起来照明费用很高，但其实明亮的灯光是销售低单价商品商店的基础方法。

明亮的灯光有两个效果。

一是吸引客流；另外一个是提高顾客的周转率。

大家都知道，昆虫喜欢聚集在有光亮的地

086

方。人也是生物，也有着差不多的本能。草木都会向光生长，婴儿也总会朝向明亮的地方入睡。

便利店与药店正是希望利用这样的人类本能，吸引我们进店。因此，晚上在毫无目的地漫步时，我们总会条件反射般地进入明亮的商店。当明亮的商店与昏暗的商店排列在一起时，很少会有人想先进昏暗的商店看看。

但是，在购买汽车、宝石、高档服装、皮包等单价较高的商品或是高档商品时，我们常常有着明确的目的，情况就不一样了。在那种情况下，我们会用大脑思考并做出理性判断，所以无论其他店铺的灯光多么明亮我们都不会被吸引。

此外，前文中我们曾提到，明亮的灯光拥有"提高顾客周转率"的效果。

在便利店与药店中必须使用荧光灯那样的

冷漠的白色灯光。在这样的灯光下，人的身体会变得活跃，所以人很难平静下来。这样一来，顾客就不会想待很长时间，行动便会加快。结果，顾客周转率自然而然地提高，效率就变得更好了。

如果便利店和药店也是用温暖的电灯泡的话会怎样呢？人们会不自觉地平静下来，肯定会有更多人想要慢慢地挑选商品。

那样一来，销售低单价商品的店铺就很难运作了。

蓝色面积过大会带来压力

<<<

　　一提到蓝色，许多人的脑海中会浮现出"清凉"、"舒爽"等印象。

　　但如果一直怀揣着这种固定想法的话，在业务中有时会遭遇很大的挫折。

　　我曾经承包过一个小诊所的整修工程，它的故事就是一个好例子。

　　我仔细观察了一下整修之前的招牌后发现，上面基本上是蓝色和绿色的组合。一般来说，人们都觉得"蓝色是清凉的颜色，绿色是森林与树木的颜色，都是很漂亮的颜色"。

但是，无论怎么看，这个小诊所都没有体现出这些让人舒适的特质。反而有种莫名的寒意，甚至会让身体健康的人也觉得"在这待着是不是会生病"。

这个小诊所的外装修也是在蓝色的背景上搭配青色系的绿字，所以更让人觉得背脊发寒。并且，上面还有一些污渍，所以不仅不让人觉得这里能治好病，反而会引起人们的恐惧感，觉得在这里会浑身不舒服。

问题就出在颜色搭配上。

确实，蓝色是天空的颜色，总给人一种清凉的印象，浓一点的蓝色会让人联想到深海的颜色，极具神秘感。

但是，问题不是颜色本身，而是对颜色的使用方法。

例如，机动队的制服中就广泛地运用了蓝色系。

如果仅是一个人身着蓝色制服的话，确实不会让人感到强烈的威压，但是一旦数十人、数百人站在一起，就会有铺天盖地般的强烈威压感。

这是黄色或粉色所不具有的、蓝色特有的性质。

整修之前的诊所招牌类似于一个巨大的蓝色团块，所以给人很大的压力。在这个招牌上比起"清凉"、"神秘"等积极印象，"压迫感"、"沉重感"似乎成了这块招牌的重点。

发源于美国黑人音乐的蓝调，特点在于其旋律与歌词多是描述过去黑人劳动者的悲惨境遇。蓝调这个名字的语源据说就是"蓝"色。

用日语翻译出来的英文书中经常有"心情很蓝"、"蓝色星期一"等词语，从中我们也可以看出，英语里"蓝色"总会让人感觉"精神不振"。大面积的"蓝色"团块无疑也给人沉重的感觉。

医院和诊所显然也属于服务业。

为了让第一次来的顾客看到建筑外观不产生恐惧的印象而能够轻松入店，就必须多了解有关颜色的知识。

提高病愈能力的"中间色效果"

<<<

竹内一郎的著作《你的成败，90%由外表决定》是一本非常畅销的书籍。

书中的道理其实也适用于建筑物。

但是，在商务领域中，我们必须要认识到"外观100%决定了一个建筑物"。

顾客第一次去某家商店时，都会凭外表做出一些判断。如果店主仔细考虑建筑色彩的话，客流量有可能增加到"10倍"，反之则可能只有"1/10"。

先前为大家介绍的诊所的例子也是一样。

患者有可能仅凭医院的外观配色就认为这家医院能治好自己的病，同样也有可能因此认为这里会让自己的病情恶化。

整修工程中，我首先加入了粉色和白线，由此渲染出健康且生机勃勃的氛围，让看到的人感到安心。虽然是同一所建筑物，但仅仅改变颜色搭配就让印象产生了180度的大转弯。

如果这两所医院处于相邻位置，我相信10个人中起码会有9个选择整修后的医院。在患者因生病心情十分低落时，就更是如此。

颜色具有这样的力量。

当然，颜色没有真正治疗疾病，或是直接让患者恢复健康的效果。

但是，映入眼帘的颜色会通过视神经刺激大脑，对那个人的心情产生一定的影响。

如果在心情低落时一直看着暗色与冷色的话，心情会越变越差。在那样的情况下，就更要穿着粉色的衬衫，或者手拿橙色的手绢，心情才会转晴。

　　可以说，良好地运用颜色能够给自己施加暗示。

　　正如前文所说，在患者恢复健康的过程中，颜色能起到一定的积极作用。医疗领域的相关研究者在此方面研究不断取得进展，以致现在已然成为一项常识。我有时会去神奈川县北里医院，那里的东楼室内装修采用的是类似于浅色系的色系，这也是利用了通过颜色"让患者恢复活力"的原理。

　　护士的工作服最近也开始出现粉色或蓝色。确实，从保持清洁的角度来看，白色比较适宜，但无彩色无法给人以活力。可即便如此，也不能使用非常鲜艳的原色。

因此，医院常常采用浅色系或者淡色的室内装修与工作服，来促使病患尽快恢复健康。

　　在对诊所进行重新装修时，我还关注了招牌的形状。

　　重新装修之前，招牌是有棱有角的，所以给人感觉有些呆板，好像里面的医生都会板着一张脸。因此，我赋予了招牌一些曲线，然后，招牌立马就开始飘荡着一种里面全是温柔的医生与可爱的护士一般的气息。

提升或降低顾客消费水平的颜色

<<<

在商务领域中，"颜色"是一把利刃。

只有门外汉才会认为，"如果用很华丽的颜色装饰店面的话，客人会增加吧"。

在一些例子中，通过重新装修把店面归置漂亮了之后，反而突然无人踏足了。

这是发生在神奈川县一个桑拿室的真实事例。

在重新装修前我是知道那家店的，室内装

修整体感觉很朴素，绒毯是米黄色。往好里说是很沉稳的氛围，但从不同角度来看也会让人觉得不太整洁。

事实上，因为这一点，这家桑拿室在女性顾客中评价不太好，所以为了吸引女性顾客，桑拿室进行了重新装修。去了重新装修过的桑拿室后，我发现里面的氛围完全改变了，地面闪闪发光，看上去非常干净。

室内装修整体也发生了很大的改变，整修后的店面以深蓝色为主题，感觉非常漂亮时尚。

但是，整修后的结果却让人大跌眼镜。

顾客数量急剧地减少了。

为了让女性顾客接受这家店，最后反而失去了主要顾客——男性顾客。

原因就在于以深蓝色为基调的室内装修。

深蓝无疑是一种很好的颜色，但不知为什

么总给人感觉不太沉稳。而闪闪发光的地板更增加了这种不稳定的感觉。

也就是说，这次室内装修整体上过于重视"美感"，却反而塑造出了一个不太沉稳的地方。

之前，在附近公司工作的人们穿着工作服就能够很轻松地进入店里，但装修之后却没有了这样的氛围。

换言之，在此之前，那家桑拿店是客人们"日常生活的扩展空间"，但由于装修得太过漂亮，却变成了一个"非日常的空间"。

从这个例子中我们能看出，在决定店面的颜色时，必须好好地把握那家店的理念和目标究竟是什么。

以此为基础，再来明确地决定是否要让这家店成为客人们的日常生活的扩展空间。

当然，我们也需要据此设定不同的顾客消

费单价。

尤其是餐厅，最不能缺乏这种意识。

同样是餐厅，如果要装修一家快餐店的话，就需要使其成为顾客"日常生活的扩展空间"。所以或是使用米黄以及棕色系的颜色，或是使用一些木纹，总之要使用让人百看不厌的颜色。

即使顾客消费单价较低，也要吸引顾客反复光临。

相反，如果是高级饭店的话，就要使用日常生活中少有的颜色，创造出一个"脱离日常的空间"。这样一来，顾客就会带着好好搓一顿的心情进店消费。当然，这样做顾客来的频率会比较小，所以就必须想办法让顾客消费单价变高。

像上面那个例子中的桑拿室一样，如果想通过改建或是整修来提高店面等级的话，经常会遭受挫折。

陷阱就在这里。

提升的等级越高，顾客光临的频率就越小。

那样的话，就必须提高顾客的消费单价。但这样的做法在市中心说不定还行的通，在郊外或是其他一些小地方的话，显然是不可行的。

漂亮时尚意味着非日常性。

在市中心顾客络绎不绝，所以那里的店面可以尽情追求漂亮时尚。但是如果是一家位于郊外且当地人每天都会光顾的店铺的话，就必须追求日常性。

如果弄错了这些事情，来店的顾客常常会感到不安，最终就会造成客流量的流失。

不同地区的人对颜色感觉不同

即使同处日本，地区不同人们对于颜色的感受方式与使用方式也有很大的差别。

在思考店面的室内装修和招牌的颜色时，必须仔细考虑当地人的喜好。

日本因为国土狭小常常被人说文化非常均一化，但对于从事颜色方面工作的人来说，完全没有这回事。

请大家看一看附图7。

两幅图都是拉面店的招牌，但颜色的使用方法却不一样。

A是黄底红字。

B是红底黄字。

你觉得哪一家更符合你对拉面店的印象呢?

我分别在东京和大阪向人们询问这个问题，最后得到了一个非常有趣的结果。

在东京，有67%的人回答说是B，在大阪回答A的比例竟然达到了97%。东京和大阪的结果截然不同。

在东京应该也有很多关西地区的人。排除掉这些人的答案，仅以出生成长在东京的人为对象的话，B的比率应该还会增加。

那么，这样的差别起源于什么呢?

确实，如果仔细观察的话我们就会发现，在东京有很多店使用的是类似于B的招牌，而在大阪则有很多店使用类似于A的招牌。

无论做出的拉面多么美味，如果顾客不喜欢这家店的话，连尝都不会去尝。是否知道这个规律，会造成客流量的巨大差别。

我曾经听说，进入关西地区市场的东京拉面店无论拉面多么好吃销售额都萎靡不振。我认为原因就在于店主没有注意到招牌的差异。

那这样的差异是如何产生的呢？经过深思熟虑后，我意识到这是美食文化的差别造成的。东京人与大阪人对于拉面有着不同的认识，这最终体现在了招牌的差异上。

在东京，拉面经常代替主食，是在午餐和晚餐中经常出现的重量级角色。

但是，在以大阪为中心的关西地区，拉面与日式烧饼、章鱼小丸子一样属于"类似零食"的食物，给人感觉较"轻"。

这样的"重"与"轻"，最后导致了颜色

的差别。

比较A和B时我们能发现，B给人的感觉更重，所以在东京受到欢迎。如果在东京也做出类似于A的招牌的话，就会让人觉得这家店的拉面量少不能填满肚子，结果不受顾客喜欢。

相反，如果在大阪挂上类似于B的招牌的话，肯定就会让顾客敬而远之，觉得"什么嘛，这里拉面看起来会吃得很撑，还是算了吧"。

东京人和大阪人都认为自己对颜色的感受是理所当然的，因此一直深信不疑。

所以我才会说，颜色里包含着文化。

相反，这里也暗藏着陷阱。

如果认为自己对颜色的感受绝对通用的话，恐怕就会落入陷阱之中。

对颜色的感受根据地区不同而不同，所以

在全国开连锁店时要特别注意。如果不能找出无论什么地方都能被接受的颜色——也就是我们常说的最大公约数的话，是不可能成功的。

例如，在大家烦恼"不知为什么东北地区的销售额就是上不去"、"南九州的客人都不光顾"的时候，症结往往就在这里。

从我的经验来说，在东北地区引人注目的颜色更受欢迎。但即便如此也不能一味运用红、黄色，这显得太华丽。

此外，某家餐厅以绿色为标志色，但却不被关西地区的顾客接受。原因就在于这个标志色让那里的人觉得这家店"摆架子"、"装模作样"。如此还不如使用红、黄等华丽的颜色来博得大范围的欢迎。这就是关西地区的特质。

药店也是一样。据我所知，有些店进行了淡绿色的装修，明明很漂亮时尚，却完全没有客人进来。不能因为这样的颜色在东京市中心非常流行，就想当然地认为把它照搬到关西地区来也一样会受到欢迎。

这样排列原色与纯色的商品会畅销

>>>

在商务领域中"能否巧妙地运用无彩色"是非常重要的一点。

无彩色就是像白、灰、黑这样没有"颜色"的颜色。无彩色的最大特征就是难用。根据不同的使用方法，既能充分发挥其效果也能扼杀它的可能性。

而要说到巧妙运用无彩色特质，就不得不提到软银手机的品牌标志了。这个标志是软银在进入手机行业的同时公布的。

软银出人意料地在这个品牌标志中使用了无彩色——灰色。

在现代的日本社会中，只是哪怕为了能引起一点点的关注，绝大多数企业也都会使用包含多种原色的华丽招牌或商品。在这样的背景中，使用灰色的品牌标识给人很大的新鲜感和冲击力。不仅巧妙地表达出了"精练"、"简洁"的印象，字体也让人感觉很有品味。

虽说如此，但如果仅仅依靠"无彩色"的话，会显得过于朴素而无法引起人们的注意。

所以，软银还有着"别的考虑"。

软银手机的卖点就在于其手机排列而成的五彩缤纷的风景线。所以使用无彩色的品牌标识能进一步突出主角——手机的亮点。在颜色的世界中，本来就有着"无彩色能让主要颜色更加醒目"的思维方式。软银手机就是一个很好的例子。

　　并不是说只要使用华丽的颜色就能引人注目。在色彩纷呈的今天，有时候，掌握好无彩色的使用方法反而更重要。

　　无论是服装还是设计，如果仅有无彩色的话会过于素淡。但如果稍稍搭配上鲜艳的橙色、蓝色的话，就能将那些颜色的效果扩大几倍。

　　像这样通过巧妙地运用无彩色来突出主要颜色的思维方式，也贯穿在日本菜和日本菜的餐具中。

　　日本菜的餐具很多都使用像白、黑、灰一类的无彩色或是与其相近的颜色。这些颜色的餐具中当然有一些是可供人欣赏的，但也有一些在盛装食物时才会发挥作用。这些餐具能够凸显出像菠菜、胡萝卜这样本身就有颜色的蔬菜以及色调深的菜肴。餐具本身仅仅是背景，它们的功能就在于让作为主角的饭菜看上去色香味俱全。

日本菜餐具简洁的配色凝聚着日本人特有的"待客之道"。

日本人的待客之道就是将自己这一方置后，让客人处于最前端的思维模式。并且，在日本菜中最重要的是：不要一开始就考虑餐具的花样，而应该首先想到菜肴，挑选与之相呼应的餐具。

与此相对，法国菜的餐具基本上就是"画布"。

法国菜盛装在大盘子里的样子就像是在大的白色画布上画画一样。特别是，当我们看到白盘子用橙色的酱汁描绘出的线条，或是星星点点的绿色酱汁时，我们这样的感受会变得更加强烈。

但是，在巧妙地使用无彩色餐具这一方面，日本菜和法国菜有着共通之处。

店铺装修要处理好配色

生意兴隆的餐厅毫无例外地都会仔细考量外部装修。

明明味道很好却不受欢迎的店往往是外部装修有问题。

下面我们就以一家路边店为例来进行说明。我的公司负责那家店的外部整修。那家店之前一直以拉面为中心，但经营者决定扩大菜单的范围，将本店的营业方式朝着"中华食堂"的方向改变。所以那家店拜托我们转换一下店面的形象。

在考虑店铺的整修时，不能只想着改变形象。前文中我也曾提到，关键在于要顾及提高"发现概率"、"魅力概率"和"引导概率"这三大要素。而在餐厅中，增进顾客的食欲也是非常重要的一点。

从这个角度来看，我发现在色彩方面有两个大问题。

一是屋顶的淡绿色。淡绿色会减少人的食欲，所以不适合用于餐厅。如果还继续使用这个颜色，就无法提高"魅力概率"和"引导概率"。

使用暖色系是进餐时的原则。特别要注意的是，儿童较多的餐厅更要对蓝色系敬而远之。

另一个问题就是门口招牌上的红色。

确实，小酒馆经常使用红色，但这并不意味着只要使用红色就会生意好。其实在这家店附近，包括便利店在内有很多家店的招牌中都使用了红色，所以这家店的招牌很难引起人的注意。

　　并且，因为这家店所使用的红色比较深，所以招牌完全融入了背后的景色中。这样会使"发现概率"降低。无论能做出多么好吃的饭菜，如果不能被顾客发现的话，还是没有人会来光顾。

　　为了一次性解决这两个问题，我将房顶和招牌都变成了黄色系。由此提高了辨识度，即使是路过的驾驶员也很容易发现。

　　而且，因为使用的是容易增进食欲的暖色系，所以能引起路人的饥饿感，提高吸引顾客入店的效果。此外，我还将旗帜和直立式招牌都变成了同色系颜色，使其看上去整齐统一。

唯有认认真真地从这些吸引客人的理论出发，才能最大限度地发挥店铺外部装修的效果。如果一味地首先考虑形象，其实很容易失败。就算本意是想让店面变得漂亮，最后也有可能使客流量减少，这样的例子很常见。

　　这家店通过整修成功地向广大范围的顾客宣传了它营业方式的转换。结果，销售额增加到了整修之前的1.5倍。大家现在应该知道符合理论的配色是多么重要了吧！

塑造广告效果图一样的亮眼店铺

>>>

我们经常能在广告中看到新建公寓的效果图。

看到非常漂亮的图片，人们本来以为肯定会是一个很棒的公寓，但一见到实物，却哀叹道："什么嘛，太让人失望了。"为什么会发生这样的事情呢？

原因很简单。

那就是因为效果图中没有描绘出周边的环

境。

即使建筑物本身和图片相差无几，效果图上周边环境的有无却会使人的印象产生很大的差别。只看那一栋新建公寓和在街道上实际参观是两码事。

在几年前，曾有人与我商量说，"我想让商店的入口有昭和初期的感觉。"白色的荧光灯无法塑造出怀旧的氛围，所以他说："一定要用电灯泡的颜色。"

但是，当我真正进入那条街道看过以后才发现，实际效果跟我想象得完全不一样。因为周围很明亮，所以那家店整体都感觉比较暗沉，没有什么存在感（附图8上图）。

我们将周围明亮本身却特别暗的店叫作"隧道店"。"隧道店"的存在感很低，弄得不好的话顾客甚至都不会注意到。

这样一来，就会陷入服务行业的最差状况。

尤其如果旁边是便利店的话就更糟了。

便利店的正面往往有鲜亮的白色灯光，并有意识地使用着波长较长的红色，所以从远处就能很清楚地看见。虽说如此，昭和初期风格的怀旧店铺却不能使用类似的鲜艳颜色加以对抗。

那么应对方法只有一个。

首先，我觉得应该增加光源，所以提议店主加上白色的大灯笼。这样不仅仅是正面，从侧面看也非常显眼。

其次，我还建议他把招牌换成内部装有光源的内照式招牌（灯箱招牌）。当然，整体的明亮度也要提高。在整修之前，这家店平均光照度是78勒克斯，但旁边的便利店高达645勒克斯，所以不堪一击。

并且，这家店的配色很素淡，即使在同样的光照条件下也无法战胜便利店。

因此，修正后的光照强度达到了731勒克斯，接近之前的十倍。如果没有这么高明亮度的话，就难以与便利店相抗衡。

　　完成以后这家店就变成了附图8下图这样。通过这种方法，终于摆脱了"隧道店"的命运。

　　确实，调暗灯光有利于使氛围变好，但只靠这一点一样是没法做生意的吧。这就是把商店看作一个个体的存在，而没考虑周边环境。请大家注意，周边环境不同，效果也完全不同。

楼梯台阶的色彩妙用

在陈旧的楼房的入口处有时会有狭窄阴暗的楼梯。

要爬上那个楼梯进店十分考验顾客的勇气。

如果是熟知的店铺还好说，若只是碰巧经过的话，是不会有人想要进去的吧。没有办法吸引新的顾客，所以在那样的楼房中开店从一开始就面临着不利的条件。

但我们有这么一种解决方法。

来我公司咨询的是位于商店街一角某栋楼2层的一家牙科医院。医院的院长和工作人员都非常温柔，治病也很仔细。不仅是小孩，很多母亲也喜爱这里，甚至还有很多患者从远处慕名而来。

虽然来接受过治疗的患者有着这么好的评价，但医院的招牌非常朴素不引人注目，所以老是没有新患者来访。而最大的问题就在于楼里的楼梯。

楼梯的入口面对着马路，想要进医院就必须爬楼梯。但楼梯位于美发院和商店的背光处，给人既阴暗又狭窄的印象。

人对进入阴暗处总是会有很强的抗拒感。

如果入口阴暗狭窄的话，人在心里就刹了车。

不见光的楼梯更是这样。

因此，我的公司采取了这样的方法。

在楼梯的曲伸部分（垂直部分）我们使用了明亮的黄色抛光。仅凭这一点就能给人特别明亮的感觉，减少人的抗拒感。此外，我们还将楼梯入口左手边的内照式墙面标志变成黄色，让它显得更加阳光、更容易亲近。

这里的关键就在于每一处我们都使用了黄色系里明亮的颜色。

我们希望能用使人高兴的配色来消除人们对牙科医院的不安感。

黄色系的配色也用在了二楼的悬挂式招牌（悬挂在建筑物的墙壁上所以也称之为"悬挂式招牌"）以及窗户玻璃上，以增加整齐划一的感觉。此外，我们还以院长为原形设计出了非常具有亲近感的漫画角色画在招牌上。

整修之前的招牌上除了直线所造成的僵硬的印象之外，绿、黑、白的配色也使人感觉到医疗机关独特的药品气息。这样一来，孩子们就不愿意靠近。

整修之后的黄色系的颜色其实是孩子们喜欢的颜色。

深受儿童欢迎的"口袋妖怪"中的主要角色皮卡丘就是黄色，这恐怕也不是出于偶然。我能很自信地说，通过各种让孩子们感到亲近的办法，我把这家牙科医院变成了孩子们愿意进去的地方。

让卷闸门告别灰色

>>>

　　在日本，全国范围内的商店街都正在迈向衰退。

　　处于城市中心地区的商店街被郊区的大型店铺夺去客流，很多商店因此停业。道路两旁紧闭着卷闸门的商店不断增加，所以商店街甚至被冠上了类似"卷闸门街"或是"卷闸门商店街"等不太好的名头。

　　卷闸门一般都是灰色的。

如果冷漠的灰色卷闸门连成一片的话，街上自然就会飘荡着阴暗的气息。虽然灰色用得好能让人觉得很有品位，但是一般来说会让人感到忧郁、阴沉。

　　因此，灰色卷闸门本身就给人逐渐腐朽的印象。

　　这样一来，为了脱离阴暗的氛围，聚集在这条街上的人就会越来越少。最后卷闸门街上会变得空无一人，陷入越来越多的店铺关门大吉的恶性循环。

　　相反，频繁使用原色的"色彩鲜艳度高"的购物中心总能带给人活力，自然就会热闹起来。

　　大家难道不觉得，仅仅是看着购物中心的颜色就觉得"胜负已分"了吗？

　　这样下去，卷闸门街就完全没有胜算了。

　　就算还没到完全没有胜算的地步，到了夜

晚营业时间结束后关上卷闸门的商店街也飘荡着阴暗的气息，而这无疑是造成顾客数量减少的原因之一。

那么，怎样才能让卷闸门街富有生机呢？

我们公司提倡在卷闸门上绘制明亮的图画或者插画，让街道显得更阳光。

这样一来，即使在休息日或是营业时间之外商店关上了卷闸门，街道也不会变得阴暗。并且，哪家店是什么一眼就能辨认得出来，也成为了商店的宣传广告，会带来营业上的好处。

我认为，对于今后人数不断增加的老年人来说，能在家附近安心购物的市中心的商店街是不可或缺的社会资本。事实上，各个地区卷闸门街的复活都取得了一些进展，在进行此类运动时，我希望有关人士也能注意到卷闸门的颜色。

配色方面当然最好使用明亮的颜色。并且，最好能给人"人在运动着"的印象。

　　窍门就是在设计与图画中加入曲线。

　　加入曲线后就能让看到的人感觉到自己在运动。如果只有横竖直线的话，就会变成不能运动的图案。

　　像这样，仅仅依靠消除灰色卷闸门给人的"阴沉感"，就能带来巨大的心理效果。

看到"自然色"后人们总会收紧钱包

>>>

现在，Nature Colour（自然色）非常流行。

我们经常能在衣服与小饰品上看到让人联想到小草与树木的绿色以及让人联想到土的棕色。其中不仅包含着近来向往自然的风尚，也隐藏着对超前的经济优先主义的反省。

自然色最显著的特征就是让人感到舒适。但是，若单纯地"想依照现在的流行而进行自然色的室内装修"的话，就很容易遭遇失败。

因为在店面室内装修和外部装修中使用自然色虽然有"治愈人心"的积极效果，但在刺激"购买欲望"这方面却有着负面性。

　　确实，如果进入了一家完全用自然色设计的商店的话，顾客就能安心地在店里四处挑选商品。但顾客的钱包带子却很难松开。因为心情太过放松，反而很难产生"要买"的欲望。

　　想让顾客消费，就需要更多的能量。

　　弹球盘店就是一个典型的例子。

　　弹球盘店使用亮到刺眼的颜色来激发人们的侥幸心理。店里闪闪发光的感觉与周围"沙拉沙拉"的喧闹声让我们变得更加兴奋，不知不觉就会打开钱包。

　　那如果我们把弹球盘店装修成自然色会怎么样呢？肯定没有多少人光顾，最后只能关门吧。

　　想让顾客消费就绝对不能使用自然色。

应该使用以红、黄等原色为中心的华丽配色。

但是，作为负责招牌和内外装修公司的总经理，我常常这样反问自己："这样就能创造出让顾客想要消费的店面了吗？"

确实，在经营者（企业方面的人）看来，刺激顾客购买欲望的招牌和内外装修无疑是有利的。但是我们也不能忘记从生活者（普通消费者）的角度去思考。

浪费了钱以后不去追求回报，这是不符合社会常理的。

就算是经营者回到家以后也会变成生活者。没有人永远是经营者。因此，我认为我们在工作时必须从这样的两个角度出发去思考。

二宫尊德（金次郎）有一句话说："忘却道德的经济是罪恶，忘却经济的道德是空言。"

经济和道德既不是对立的，也没有处于非得二者择其一的位置。如何在工作与生活中同时兼顾这两者呢？我们一边思考着这样的问题，一边运用着缤纷的色彩。

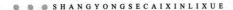

SHANGYONGSECAIXINLIXUE

第四章

"米色"与"米黄色"对大脑有益

>>>

桌子的颜色也有着是否适合于自己的工作种类。

例如，在做一些类似商品企划或设计等重视创意的工作时，色调值低的颜色就比较合适。具体来说木纹图案以及米黄色系就属于那一种。

色调值低的颜色适合需要使用右脑的工作。

如果人的四周都是色调值低的颜色的话，脑海中就会产生让人心情放松的α波，能够充分地调动那个人所拥有的感性。

　　如果心情太过平稳的话，工作效率也会降低，所以需要仔细考虑这方面的平衡。

　　深灰色的色调值也比较低，但我不推荐大家用深灰色的桌子。这样的桌子其实在办公室中随处可见，但会造成办公室整体阴暗的氛围，容易使员工意志消沉。

　　另一方面，在做会计以及事务管理等需要工作人员手脚麻利地工作时，我推荐灰白色的桌子。因为这种颜色有活跃左脑的效果。

　　如果你拥有购买公司办公桌权限的话，考虑过这些情况再采购，绝对能够提升你们公司的生产效率。

　　此外，在不同的会议室放上不同颜色的桌子，根据不同的会议内容加以使用也是一种很好的方法。如果是企划会议的话，在放置着木纹以及米黄色系颜色的桌子的房间中举行就能够刺激右脑。如果是有关预算的会议的话，在放置着灰白色桌子的房间中举行更利于刺激左脑。

最近，我开始关注办公桌与笔记本电脑的颜色关系。

原来的笔记本电脑一般来说都是黑、白、银等无彩色。但最近酒红色、蓝色、绿色的电脑也开始出现在人们的视野里。

这虽然体现了电脑对个性的重视，但同时也产生了一个有关"电脑与桌面的色彩光晕"的新问题。

光晕其实是摄影用语，表示强烈的光线穿过镜头而造成画面整体偏白的现象。同样地，如果在人的附近存在着绿黄、红蓝等等华丽的颜色组合的话，这些颜色彼此之间会产生干涉让人眼花缭乱。

有色彩的电脑作为单独的个体来看确实又有个性又很时尚，但放在一些特定颜色的桌子上时，有时就会产生光晕现象。

那样就有可能使人感到心里不踏实，最后造成工作效率的低下。在选择电脑的颜色时，不要从个体的角度来选择，而应该考虑它和自己的桌子是否搭配。

这和服装搭配大同小异。

如果没有色彩的敏锐度，无论身上穿着多么高级的外套，系着多么高级的领带，都让人看着不太搭配。与此相同，今后在办公桌上工作时，也不能欠缺对色彩的敏锐度。

在记事本中用不同颜色标注工作

>>>

有一些人总把"没时间"当作口头禅。

但是真要问起来的话，其实没时间的人非常少。

说自己"没时间"的人，其实往往是弄错了工作的优先顺序。正因为他们把重要的工作推后来做，所以才总是在期限到来之前才开始着手，然后感到慌张。

为了解决这些问题，我们有必要事先好好

地思考一下每一种工作的"重要度"和"紧急度"。

虽说如此，但人毕竟是人，所以总是会倾向于优先处理"紧急度高的工作"而置后"重要度高的工作"。因此，人总会拘泥于眼前的一些琐碎小事，而重要的事务却拖到不能再拖。

因此，我建议大家为todolist（任务表）标上颜色，用眼睛来判断自己现在应该处理什么工作。（附图9）

（1）是重要且紧急的工作；（2）是重要但没那么紧急的工作；（3）是不重要但紧急的工作；（4）是既不重要也不紧急的工作。

那么，让我们一起来思考一下吧。如果要给这四种工作标上不同的颜色，你会为每个工作赋予什么样的颜色呢？

恐怕很多人都会回答说要给紧急度高的

（1）或（3）标上显眼的红色。

但是，工作能力强的商人却不会那么想。

这些事务中，最重要的是（2）。

所以要把这一条标成红色。

让我来为大家说明一下理由。这是为了让大家没有借口再说自己"没时间"——也就是尽量减少（1）或者（3）。

为此，大家应该在（2）或（4）的阶段就把工作完成。如果做不到这一点的话，就会给自己留下一些紧急度高的工作。

所以说，最重要的事情其实是尽早完成（2）和（4）。

特别是重要度高的（2）更要及早注意。但是，在现实生活中，我们总会被那些紧急但不重要的类似于（3）的工作所左右。最后，才开始总喜欢说"我没时间"。

因此，在制作todolist的时候，关键就在于怎么让自己多注意（2）。为此，在区分颜色的时候，我们要将（2）这样重要但不紧急的工作用最显眼的红色标注出来。

而紧急度已经很高的（1）和（3）就用绿色和蓝色（相反也可）标注，使人能够平静下来。（4）既可以是白色也可以是粉色，选一个大家喜欢的颜色就好。

从"颜色排列方式"看工作能力

>>>

一个人工作能力强不强，看他的桌子就知道了。

也许大家以为"工作能力强的人不怎么在桌子上放东西，整理得非常干净……"，但其实不是这样的。确实，那样的桌子让人感觉很清爽舒适，但在实际工作当中却没有任何益处。

能者多劳。工作能力强的人桌上往往有着

堆积成山的资料。

　　至今为止，在我遇见的工作能力很强的人当中也有很多人总是埋首于大量的资料之中。虽然听起来有点像是借口，但我自己的桌子上也很杂乱，到现在都是一副"台风过境"的景象。

　　但在这里我可以为大家介绍一个只需要观察一个人的桌子周围，就能判断出他的工作能力强不强的办法。

　　有两个关键点。

　　一是，桌子上的东西"是沿着纵横的直线整理的"。

　　也就是说，不让资料斜堆起来或是不把键盘斜着摆放的人一般能力比较强。

　　如果出现了斜线的话，人总会不由自主地走神。不知不觉中，就开始无法对工作集中注意力，最终无法获得较大的成果。

　　但是，无论有多少资料和书籍，只要将其沿

着横线竖线来整理的话，总能看起来清爽一些。比起把东西倾斜摆放，更有利于节约空间。

另一个关键点就是桌子上"没有很多的颜色"。

特别是，桌子上一旦出现很多类似红、黄、绿的刺激性强的原色就很容易走神，无法进行需要逻辑思考的工作。

如果没法避免一些包含这种颜色的包裹和印刷资料，就一定要在不需要使用的时候把它们放入抽屉里，或者靠在书挡上，别让自己随时都能够看见。

最理想的情况就是桌子上只摆放你现在正在做的工作任务所需要的资料文件。

除此之外的资料按照不同的工作任务整理进不同的纸袋和文件夹里。并且，在一个任务结束后，就照原样更换桌上的资料，这样才能有效率地工作。

不景气时彩色衬衫畅销的原因

<<<

　　可能有很多人都不知道，日语中的"衬衫"一词其实是日本人自创的英语。

　　有一种说法称"衬衫"是"白衬衫"的变形。从语源的角度来说，日语的"衬衫"当然得是"白衬衫"。

　　但是现在穿着白衬衫的人其实已经很少了。当然在红白喜事时必须得穿白衬衫，可在日常生活中穿彩色衬衫的人明显开始增多。

那么，为什么大家弃白衬衫而更多地选择了彩色衬衫呢?

或许有部分读者觉得这只是因为当今时代更尊重人的个性，其实不仅如此。我认为，事实上商业模式的变化在其中起了很大的作用。

我觉得衬衫的穿法就是——"想不被讨厌的话穿白衬衫，想被喜欢的话穿彩色衬衫"。

到20世纪60年代为止，不仅是银行职员，各行各业的工作者都穿着白色衬衫。这并不是说当时没有彩色的衬衫。当时，从事自由职业的人常常就穿着彩色的衬衫。

尽管有彩色的衬衫，但各行各业的工作者还是选择白衬衫的原因其实非常明显。

那就是白色不容易出错，有着基本上不被所有人讨厌的性质。这样的特征最适合经济高度增长时期的营业模式。

以往的营业模式其实是母体主义——每天

营业所涉及的业务越多成果就越丰厚。他们每天都要见到数量不定但肯定数量很多的人，所以必须保持能被所有人所接受的姿态。

那时，比起"被所有人接受"更被重视的是"如何不被人讨厌"。

以前我访问过一家公司时也曾听说过，"在我们公司不穿白衬衫是不行的"这种话。彩色衬衫有时候能博得很大的好感，但也有被讨厌的风险。而白衬衫至少在这一点上不会出错。

让我再具体说明一下吧。藤本笃志先生曾经写过一本书叫作《贵公司业绩欠佳的理由》（新潮新书），书中说从前不经预约拜访30家客户进行销售的话一般会有一家产生兴趣。而一般三家产生兴趣的客户中才会有一家成功交易。这样一来，营业的成功概率就是造访90家客户才能成功交易一次。

但是今非昔比。

如今，世界上四处充斥着信息，就算营业人员不专门将信息带到各个地方，只要上网查一查就什么都能查到。

在这样的时代中，就算四处造访进行销售，概率也大不如前了。别说30家里面的一家了，哪怕造访100家、500家客户都不一定能否有一家感兴趣，概率非常之低。这样一来，就必须以10倍的速度来进行销售，而这显然是不现实的。

那我们该怎么办呢？方法就是瞄准目标顾客进行销售。例如，我们应该从一开始就将销售对象设定为年收入1000万日元以上的人、35岁以上的女性这样的具体目标。

这样一来，白衬衫就显得可有可无了。

事实上，是否被对方讨厌已经无足轻重了，重要的是要运用目标顾客喜爱的颜色博得他们的好感。这样做对方才能够欣然接受。

　　例如，在面向35岁以上女性进行销售的营业员中，比起穿上白衬衫传达出整洁感的人，服装搭配品位较高的人可能更受到欢迎。

　　在市场整体蓬勃发展的时代，只要不被讨厌就找得到客户。但是，在现今市场分类极度细化的时代，如果不锁定目标挑选颜色的话是找不到客户的。

　　当然，仅凭个人喜好的销售更不会顺利。最重要的是要去挑选目标顾客喜欢的颜色。

西装颜色看求职学生的心理变化

　　最近的谋职颜色从藏青色变成了黑色。

　　以往找工作的年轻人基本上穿的都是藏青色的西服。

　　但是最近无论男女，黑色以及深灰色开始成为谋职颜色的主角，基本上很少能再看见身穿藏青色西装的学生。

　　我调查了参加我们公司说明会的大学生，结果发现谋职颜色中黑色占54%，深灰色占

26%，藏青色仅占6%。黑色与深灰色加在一起多达整体的8成。当然，不同行业的比例也不同，但这个结果很接近我平常在街上看到的景象。

很多的年长人士看到黑色西服会感到奇怪："又不是要穿礼服。"那么为什么会产生这样的变化呢?

总结我对西装专卖店的调查结果后，我发现这一现象是有其根源的。那就是学生的意识发生了变化。

这是由两大原因造成的。

藏青色的西装在找到工作后就没有用处了。

深的藏青色还好说，但如果一直穿着找工作用的明亮的藏青色的话，就摆脱不了公司新人的形象。当然有些穿不出去。

另外一个原因就是衬衫和领带的搭配。

适合藏青色西服的衬衫无疑是白色衬衫。

除此之外，就只有淡粉色和水蓝色比较合适。领带也只有深红色或者含有灰色的种类才能够搭配。

但如果是黑或深灰这样比较单调的颜色的话，搭配衬衫和领带的自由度就大大增加了。无论是粉色衬衫还是蓝色衬衫都很合适，领带也可以从淡雅色或者华丽色中随意挑选。更重要的是，黑色很有时尚感。学生们选择黑色的真相就隐藏在这里。

那么，看到这些学生之后企业是怎么想的呢？与高度成长期不同，看不到未来的现代企业所追求的人才是能够自己策划执行的年轻人。个性与创新能力必不可少。

穿上藏青色西服的话就必须搭配领带和衬衫，所以很难体现出个人的个性与创新能力。

但是黑色和深灰色却可以。

在市场蓬勃发展的时候，企业需要的就是

踏实肯干的员工，但是当今时代从某种意义上来说更推崇有个性的人才。企业需要的人才不仅要有学识，更要能够打破常规。

这种双方诉求的一致造成学生开始流行选择使用黑色和灰色的西装。进一步来讲，专卖店正是看穿了这一时代潮流，才开始向学生推荐这样的西装。

但是政府机关却不同。

这也是我从专卖店听到的。据说想要参加公务员考试的学生还是穿藏青色的西装比较好。那是因为公务员考试更看重藏青色西装所传达的诚实感与认真感。

虽然黑色与灰色可搭配衬衫与领带的自由度很高，但如果搭配得不好就有可能显得古怪。为了在公务员考试中避免这种失败，所以专卖店才推荐学生使用百战百胜的藏青色西装。

有一种灯光"能使人注意力集中"

有很多商务人士晚上在家里学习。

但是不少人或是时常站起来咔嚓咔嚓地打开冰箱，或是玩玩电脑，老是集中不了注意力。

解决方法就是调整一下屋里的灯光。

有一种灯光"能提高注意力"。

我们需要注意两点。

第一是光源的种类，第二是聚光灯的效果。

其实比起白天，在夜晚学习和读书更能集中注意力。当然，夜晚四周十分静谧也是原因之一，但不仅如此。

白天的光线和夜晚光线中包含的紫外线含量完全不在一个水平。

如果总是沐浴在富含紫外线的太阳光下的话，我们的身体会作出敏感的反应。

其实那就是热血沸腾的感觉，人们开始想要外出散步或是感到肚子空空，变得更为活跃。

在受到紫外线照射时，我们的身体会充满活力，身体血液循环更顺畅，但因此脑部的血液循环会减少，所以很难集中于读书、学习等精神活动。

但是，家里的灯光中没有像太阳光里那么多的紫外线。

因此，人就能够集中注意力，不容易走神。

然而不同的人造光线的紫外线含量也不一样。电灯泡和发电灯泡色光线的荧光灯就几乎不含紫外线，所以想要集中注意力时，推荐大家使用电灯泡颜色的灯光，而不要使用荧光灯。

　　此外，荧光灯与电灯泡所含有的紫外线数量上的区别，从贴在房间里的海报的褪色程度上也能窥得一二。在使用电灯泡的房间里海报不怎么变色，但是使用荧光灯的房间里的海报却会逐渐褪色。

　　此外还可以注意一下聚光灯效果。营造聚光灯效果的方法就是将灯光像聚光灯一般照向自己想读的书或者文件。

　　例如，使用有灯臂或者支架的立式电灯泡，降低房间的亮度，只让灯光照亮桌子之上。因为周围较暗，所以人就可以将注意力集中在被聚光灯照耀的部分上。

让人神清气爽的卧室窗帘颜色

<<<

有些人早上总起不来，问题可能就出在房间的颜色上。

请看一下你的房间，装修或是窗帘的颜色是不是有些偏蓝呢？

我之所以这样说，是因为如果人的周围都是青色系的颜色的话，身体会处于一种松弛状态。

一方面这能使人放松身心，但另一方面，

因为身体的活跃度降低，所以很难对做某件事产生热情。

说极端点，人的身体在那种情况下其实进入了类似冬眠的状态，怎么也起不来床。这才造成了人睡懒觉的习惯。

因此，如果你觉得"早上老不想动"或是"不知为什么总醒不过来"的话，说不定变一下房间颜色会比较好。这常常会有意想不到的效果。

其中比较简易但又极其有效的方法就是改变窗帘的颜色。

那么，我们到底应该使用哪种颜色的窗帘呢？

确实，如果仅仅考虑不要睡懒觉的目的的话，能够让人焕发活力的红色系颜色最为适合。但是鲜红色的窗帘会让人在晚上也陷入兴奋状态而无法入眠。

因此，我经常推荐大家用米黄色的窗帘。

如果是这个颜色的话，不仅晚上能让人心灵平静，早上也能使房间变得明亮，令人容易清醒起来。

我曾经让公司员工分别换上深藏青色与米黄色的窗帘，过一段时间以后告诉我感想。

结果，大家都说深藏青色窗帘的房间"心情平静"、"在房间里就不想出去了"。

相反，大家对于米黄色窗帘的房间的感想则是"心情容易变好"、"比起深藏青色的窗帘让人更有外出的欲望"。

青色系的颜色会降低身体的活跃度，所以在自己家里使用时需要十分注意。

不仅是喜欢睡懒觉的人，如果你发现有家人喜欢宅在家里，或是自己总容易无精打采、心情抑郁的话，就请检查一下你窗帘的颜色吧！

关注上司颜色喜好的人总能把工作做好

>>>

据说能力强的营业员一般有三条值得夸耀的领带。

那是因为他们一般会根据对方对颜色与设计的喜好使用不同的领带，思考"见这个人的时候用这个颜色比较好"、"那个人喜欢这个颜色"等。

此外，如果是第一次见面的话，他们会根据对方的业务种类以及职位来系领带。

其实说起来这真是再正常不过的事。对于从事营业职务的人来说，给对方留下好印象能带来极大的好处。工作态度和语言表达当然也是重要的因素，但使用"对方喜欢的颜色"是一个很大的关键点。

大家应该都有过这样的经历：和那个人明明没怎么说过话，却总感觉合拍。这多半是因为你与对方的喜好相似。并且，这里的喜好一般就是对颜色的喜好。

那要如何才能知道对方喜欢什么颜色呢？

其实很简单。

方法就是仔细观察对方的服装、领带以及随身物品。喜欢蓝色的人，通常会戴着蓝色的领带和手绢。喜欢棕色的人，通常会穿戴棕色的衬衫与裤子。

仔细观察对方在这方面的喜好，为了迎合对方，自己也穿上对方喜欢的颜色。那么，对方自然就愿意和你沟通了。

这样的方法不仅在商务领域中有用。在处理男女关系上其实也有共通之处。

可能有读者会有这样的烦恼——和喜欢的人能够非常愉快地交谈，却迟迟不能更进一步。

在发生那样的情况时，我希望大家能检查一下自己身上的颜色。大家需要从对方的服装和随身物品中判断出对方喜欢的颜色并迎合对方的喜好。

这样一来，对方看见你也许就会很吃惊，进而猛地产生很大的亲近感。

能防止忘事儿的奇妙颜色

<<<

"上了年纪更应该穿得鲜艳一点。"

我想将这句话送给世界上所有的男性。

亚洲的男性在上了年纪时总有穿朴素颜色的倾向。

说好听点是高雅，但老年人穿着朴素颜色的服装的话，其实总会看起来不太整洁。如果能把高档服装穿出味道自然再好不过了，可很少有人能做到这一点。

但是，在看欧美男性的服装时，常常会产生"这配色真棒！"的感触。闲暇时的休闲装自不必多说，在工作时他们也常系着颜色鲜艳的领带，而且看上去一点也不俗气。

那么，为什么亚洲男性就不像他们一样擅长配色呢？

事实上，亚洲男性中几乎5%都是轻度色盲。这就是说亚洲男性天生就不太会准确地区分各种颜色。5%就表示20人里面有一人是轻度色盲，这个比例还是很大的哦。

当然，说是轻度也有各种各样的差别。亚洲男性的轻度色盲基本上都不会影响自己的日常生活。

但有时他们却不能懂得配色的微妙之处。这样的失败逐渐累积，更使得他们不敢再尝试有关颜色的冒险，在选择领带与衬衫时总爱选不会出错的颜色。

就算偶尔冒一次险尝试了花哨的颜色，也总会因为不懂得颜色的微妙差别，所以做出一些比较奇怪的搭配。

那该怎么办呢？

男性的领带与衬衫最好让女性来选。

女性对挑选衣服以及颜色都很感兴趣，所以对色彩的敏锐度可以说非常高。

正因为她们对颜色感兴趣，所以能提出"虽然有些花哨但挺合适的"、"颜色再亮一点比较好"之类的诚实的建议。此外，有数据表明，日本女性患有轻度色盲的比例大概只有0.2%。

得到那样的建议以后，身为男性的你也能认识到"原来这个颜色看起来是这样的"，你自己对颜色的敏感性也会逐渐提升。

就算没有女性能和你一起去挑选，在商场购物时也可以多咨询女性售货员的意见。如果你跟她说"我想冒一点险，选一个花哨些的颜色"的话，作为售货员的她一定也会尽力发挥自己的能力为你挑选。

如果可能的话，最好让她为你搭配好外套与领带或是衬衫与裤子。

此外，在同一卖场中，往往越是年轻的女性对色彩的敏锐度越高。如果家里有年轻女孩的话，不如用一顿饭或下午茶的代价让她陪你去挑选一下吧。

店铺的颜色及灯光运用有诀窍

<<<

有些餐厅会故意把灯光调暗。

在公司办小聚会时，如果把选餐厅的任务交给年轻人的话，他们一定会选择那种灯光比较暗的餐厅。年轻人告诉我说，他们进这样的店里心灵比较平静。

但是，对于60岁以上的人来说，这样的店就不太舒适了。这一代的人基本上都这么说，所以我想应该没错。

我切实地感受到，在设计店面的室内装修时一定要根据目标顾客的年龄段考虑颜色搭配以及灯光明暗度。

　　那么，为什么中老年人不喜欢灯光较暗的店呢?

　　对于我们这一代人来说，阴暗的场所不可避免地都带着"贫困"、"一贫如洗"的印象。

　　在昭和三十年之前，房间里只有一个光秃秃的电灯泡是再自然不过的事情。成长在那样的环境中的人无意中就获得了明亮即富有的价值观。

　　并且，很多人应该都有被父母责怪以后关进柜子里的经历。更年长的人中甚至有些还曾被关在仓库里。

　　那样一来对阴暗的场所就会更加厌恶，一般都非常排斥灯光昏暗的餐厅。至少如果第一次去的话，绝不会选择那样的餐厅。

　　但是年轻人却没有这样被关进柜子的经历。他们一直成长在明亮的房间里，所以对灯光昏暗的餐厅没有什么成见，反而会感到很有趣，觉得能够接受。

　　问题不仅仅是亮度，灯光昏暗的餐厅一般还都非常狭窄拥挤，所以几乎不被已经获得一定社会地位的中年人所接受。

　　中年人追求的常常是"可以放松的空间"或是"令人放松的东西"，所以他们会觉得：为什么我非得花钱来这么狭窄的地方？

　　但年轻人却不同。

　　近几年来，几乎每所房子里都配有儿童房间。从前我们都是在一个很大的房间的一角学习，但现在小孩子的学习空间变得相对狭窄、封锁。所以，对这样的环境感到习惯的年轻人，待在这样狭窄拥挤的小酒馆中更能得到心

169

灵的平静。

所以，我们必须根据目标顾客年龄的不同来更换店面的照明和室内装修。

即使单纯将"治愈"作为主题，根据顾客年龄以及个人偏好的不同，他们能获得治愈的灯光和室内装修也不一样。

关于灯光我在前文中已经做过很多说明，就室内装修而言，一般能让所有人都放松的东西就是米黄色的墙壁、亮色的木材与木纹。此外，如果是以年青一代为目标的话，使用烧焦颜色的木材更能为他们演绎出安心的氛围。

当然，我在这里讲述的都是有关日本人的情况。希望大家能注意，外国人有着不同的色彩感受。比如我们仔细观察中华街的话，会发现日本人不能对中国红感到安心，可中国人却说看到这个颜色十分平静。

因此，即使只是想要问"该用怎样的颜色

塑造出一个治愈人心的空间"时，根据不同的
社会文化背景答案也千差万别。

　　只有知道这些，才能够巧妙地运用颜色和
灯光。

SHANGYONGSECAIXINLIXUE

你不知道的"颜色的巨大功效

SHANGYONGSECAIXINLIXUE

第五章

为什么彩虹的颜色在美国是六色

　　"彩虹有几种颜色？"

　　如果听到这样的问题，肯定有人马上就会回答说："当然是7种啦！"

　　"彩虹有7种颜色"对于我们可以说是一个常识。

　　我听说，从前邮局曾经发行过一种用6种颜色描绘出的彩虹邮票，结果接到了很多投诉。其中不少人说："连彩虹有几种颜色你们都不知道吗？！"

确实，从小到大一直有人告诉我们"彩虹是7种颜色"。

但是，彩虹真的是7种颜色吗？

说出来大家也许会吃惊，但那只不过是我们的偏见。

在岩波出版的《日语和外语》（铃木孝夫著）一书中，关于彩虹的颜色这样写道：

"问德国人的时候，他们说是5种颜色。问英国人和美国人等英语世界的人，多数会回答说是6种颜色，而问土耳其人或者波兰人的话绝大多数人都不太清楚。但是法国人与日本人一样，无论问谁都马上说是7种颜色。"

所以说，国家不同对彩虹颜色的认识也不尽相同。

当然，无论是在美国、日本、法国还是中国，出现的彩虹本身是没有差别的。

因此，我试着问了问我周围的外国人。

结果，美国的朋友确实断言"彩虹有6种颜色"。当我说"老师教我们说彩虹有7种颜色"时，他还是坚持自己的看法说"没有这回事儿"。

在《日语和外语》中法国人也和日本人一样回答说"彩虹有7种颜色"，但为了周全起见，我还是问了一下。

你们猜对方到底是怎么回答的？

"啊？"的一声以后，对方思考了数秒，然后这样回答：

"我可没有数过彩虹的颜色哟。"

事先声明，他是一个将近50岁的非常有智慧的男性。听了他的话以后，周围的日本人也大吃了一惊。

但是仔细想想，我们自己难道真的看着彩虹仔细地数过它到底有几种颜色吗？我想这样的人肯定非常少。

彩虹本来就是因为空气中的水滴发挥了三棱镜的作用分解太阳光线后形成的。其中，从肉眼可见的范围内波长最长的红色到波长最短的紫色，颜色一点一点发生着变化。

因此，严格来说彩虹的颜色其实无限多，说它是6种或是7种颜色其实没什么意义。

日本人之所以说彩虹是7种颜色，是因为从小周围的大人就这么告诉我们，自己心里也就这么一直相信着。

不仅是彩虹，关于颜色人们总有很多先入为主的观念。

为了良好地运用颜色，就必须一个个清除掉那些成见。

为什么日本将绿色信号灯称为"青信号"

>>>

　　"青信号其实是绿色的。叫它青信号是不对的！"

　　我曾经在报纸上看到过这么一篇投稿。

　　确实，仔细观察十字路口的信号灯的话就会发现，确实是"绿色"而不是"青色"。那么，日语里的青信号一词真的错了吗？

　　我觉得不是。

　　日语里"青信号"比"绿灯"更好念，但

理由不仅如此。说夸张一点，只有这种称呼方式才能表现出日本人的审美。

自古以来"青"在日本指代的范围都很广，其实我们说"青"时经常把绿色包含在内。

我们说"青空"时，其实说的是被称为天空色和水蓝色的淡青色，说"青菜"的话代表的就是浓一些的绿色，说"青叶"时是有光泽的淡绿色，而说"青虫"时则表示的是黄绿色。从淡淡的水蓝色到浓绿色，青色确实包含着很广的范围。

从前的社会并没有那么复杂，所以大家可能也没有很注意这些。但是随着时代的变幻，人们逐渐有了享受些微颜色差别所带来的乐趣的空闲，这样的称呼就不太令人满意了。

因此，我们开始有必要对以前用青色统称的颜色加以区别，就像我们把青色分为绿色、群青色、青绿、绿青一样。

但是，在以前常用的"青叶"、"青虫"等词直到现在还照原样留存着。

包含广范围颜色的"青色"一词的用法到了如今也没有断绝。

大家也许能从历史中感受到，"青信号"这样一种叫法其实表现的是日本源远流长的文化。

我查了查外国对这三种信号灯的称呼。

英语中是"红、绿、黄"，而中国人也是"红、绿、黄"。

有趣的是，法国人的回答是"红、绿、橙"。但是至少对于"青信号"，几乎所有的外国人都叫它"绿灯"。

只有尼泊尔人回答说："不仅仅是绿，还有代表着天空颜色的青色。"仔细询问后发现，尼泊尔的"信号灯技术是从日本引进的"。可能这对尼泊尔也产生了同样的影响。

为什么"男厕是蓝色，女厕是红色"

<<<

进入公厕时，大家如何区分"男厕"和"女厕"呢？

有人会笑我说："这不明摆着嘛。"大家应该是这样判断的：在入口处挂着的图片（画着人像的牌子）如果是黑色或蓝色的话是男厕，如果是红色的话就是女厕。

但我们必须指出，只有"身在日本时"才能这样判断。

因为在国外，大多数国家的公厕标识无论男女都是一种颜色。大多数时候都是黑色，所以必须要仔细看看标识根据人像形状来判断。

如果因为"黑色肯定是男厕"就自以为是地飞奔而入的话，有可能会引发很大的骚乱，希望大家注意。

那么，为什么会有这样的差别呢？

"男性喜欢蓝色（或黑色），女性喜欢红色（或粉色）。"这样的颜色喜好仿佛是我们日本人生来就拥有的。但其实不是。

那其实是"烙印"的结果。

我调查过两个幼儿园和小学。结果显示，在幼儿园中小班的孩子无论男女都有各自喜欢的颜色。但是到了大班和小学低年级以后，大概就分为了"女孩色"和"男孩色"。

孩子在一点一点融入社会后，就逐渐被"男生是蓝色，女生是红色"这样的日本社会文化所渲染。并且，到了小学高年级有些孩子甚至会被同龄人说："明明是男生怎么穿红色的呀。"

去欧洲时我有过这样的经历。那时，一起去的朋友要为自己的三个侄子买一些小包作为小礼物，所以去商店挑选。店员为我们推荐说："这个红色很好看吧？"但是那个人最后买了三个黑色的小包。然后店员就露出了很遗憾的表情。

确实，在欧洲，男性也会拿着红色的背包或者小包，女性使用蓝包也不奇怪。

这样看来，对颜色的喜好绝大多数情况下其实是由本人生活的社会习惯与风气决定的。在此基础上加入每个人的个性与价值观，最后才会确定出一个自己喜欢的颜色。

因此，自己去买衣服时才总会买同一种色系的衣服。很多人喜欢藏青色就只穿藏青色系的衣服，喜欢棕色就只穿棕色系的衣服。

　　但是反过来说，如果想给周围人留下深刻印象，就最好穿上不被社会习惯所认可的颜色。在当代日本，如果男性身穿红色外套或者T恤走在大街上的话，就应该能给周围人留下很深的印象。

为何没有中间色的国旗

<<<

如果将世界各国的国旗排列在一起，你会发现一件很有趣的事情。

基本上所有国家的国旗都是由原色组成的。红、蓝、绿、黑、白、黄等，国旗中大多使用的都是鲜艳的颜色。很少会看见有浅色系的颜色。

虽然法国以时尚著称，但法国国旗使用的还是蓝、白、红三种原色。

这是为什么呢？

理由有两个：

一是染料的问题。在制作国旗时，需要定好在哪一部分使用哪种颜色，而原色基本上不会出错。鲜红就是鲜红，湛蓝就是湛蓝。

而如果使用中间色的话就必须将数种颜色混在一起。当然，制作时肯定会把颜色讲清楚，但只要调色出现变化颜色就有很大的不同。如果明明需要淡棕色却变成了淡粉色的话就糟糕了。

此外，如果使用中间色的话，光线不同人看到的颜色也不同，配色不同会出现完全不一样的效果。

因此，一般来说国旗都会避免使用中间色。

在国旗中使用原色的另一个理由——其实这才是更重要的理由——就是为了赋予颜色意义。

国旗其实是身份认同的凝聚，是能极大地表现出国家个性的物品。因此，必须使每一种颜色都拥有明确的含义。

大家一看到日本国旗上的红圆都会想起太阳。红色清晰地表现出了日本"太阳之源的国家"的性质。如果将其换成偏粉的红色或是橙色的话，就难以传达出这种意思了。

法国的三色旗中蓝色表示自由，白色表示平等，红色表示博爱。正因为是原色，才能直接明了地传达出这样的含义。如果将蓝色换成淡色系的水蓝色的话，印象就会变得模糊。

与含义模糊的淡色系相反，原色的含义非常强烈，能够明确地传达出信息。

和中国人友好交往要妙用红色

>>>

与外国人交往的窍门就是要了解该国国民喜欢的颜色。

如果了解了这一情况，不仅个人交流会变得顺畅，生意也会进展得更顺利。比如说，中国人就很喜欢红色。

去逛中华街的话以大红色为中心的华丽色彩会不由自主地飞入你的眼帘。很多日本人会觉得不太舒服，但是中国人却一直认为"那种颜色让人安心"，对此，日本人真的不太能够理解。

我的公司中也有一名中国员工，他说："一看到红色就觉得会发生好事儿。"

这样说来我曾经收到过中国台湾朋友的圣诞贺卡，贺卡的信封就是红色的。并且，那不是比较淡雅的红色，而是日本人看到只会觉得过于浓艳的鲜红。

这件事真的让我很吃惊，但回想起来，其中肯定包含着"发生好事"或是"吉祥"的祝愿吧。

反过来说，如果想加深与中国人的交流的话，用大红色的信封给他们写信，或是送给他们鲜红色的礼物会非常有效果。

可能是因为中国人生长的环境是那般吧。我们公司的中国设计师所设计的配色常常让我很吃惊。有一些配色在我们看来很不可思议，这让我觉得非常有趣。

日本人的色彩感源于日本人的常识，但是在外国也存在着一些我们从未设想过的古怪组合。配色和本国的文化有着密不可分的关系。

但在很多场合中，大家其实并不知道对方国家的人喜欢什么颜色。那该如何是好呢？其实有一个很大的提示。

那就是国旗。国旗是一个国家的象征，所以一般使用的都是那个国家与民族的标志色。比如，巴西的国旗使用的是黄色和绿色，巴西人一般都喜欢这两种颜色。

在与外国人交往时，或者在国外工作时，如果能有意识地了解对方喜欢的颜色的话，就能给对方留下截然不同的印象。

英国绿到底有哪些不同

<<<

　　从美国进口的商品有很多都使用的是原色。

　　比如日本与美国的儿童玩具的配色就完全不一样。日本生产的玩具有很多中间色，但美国产的玩具一般用的都是红色或者绿色这样的原色。

　　无论好坏，美国的商品常常会有我们日本人难以想象的颜色组合。有些人会觉得这些配色有很强的冲击力，感觉很棒，但也有人觉得没什么品位。

这不仅限于玩具。

店面的配色以及服装等方面，美国都常用原色。

同为欧美，欧洲的配色又有一些不同。

欧洲不会照原样使用原色。有时就算看上去很鲜艳，也只不过是经过微妙调整的中间色。从这方面来讲，欧洲也许比美国更接近日本。

为什么会有这样的差别呢？

究其原因，我们必须考虑国家的起源和历史所带来的巨大影响。

美国人的祖先基本上都是移民，所以融合了各式各样的文化习俗。因此，如果不分个清楚社会就无法运转。而若是表达方式令人误解的话也肯定会引起纠纷。所以合同也要写得非常清楚。

　　日本人会将一些事物表现得很暧昧，但美国人绝不会如此，而是一是一，二是二。日本人之间有些问题靠默契就能决定，但这同样不适合于美国人。

　　颜色方面也是一样，美国人在决定颜色的时候绝不会采用"给我介于这个颜色和那个颜色之间的颜色"这样模糊的说法。

　　比如，需要使用大红与胭脂红之间的中间色时，可能有人会说朱红色，有人会说粉色。但是那样不能明确这一颜色的性质，所以美国人一定要"弄个明白"。

　　美国玩具颜色很多的原因就在这里。

　　就是因为他们一定要"分清黑白"。其实"分清黑白"这个词在日本也是存在的。但这件事对于美国人来说太过理所当然，甚至不需要用语言来表达。

想要使用具有微妙感觉的配色，往往需要耗费很长的时间。国家和民族的传统会逐渐塑造出民众对于颜色的感性。

　　因此，像日本、英国、意大利这些历史悠久的国家就经常使用独特的传统颜色。

　　例如，英国人所使用的酒红色和英国绿基本上只适合于英国。我们在使用那些产品时，常常可以凭借着独特的色彩感受来挑选。

　　意大利的女性服装中的意大利红也是一道独特的风景线。其中蕴含的红色虽然华丽又让人深感有品位。

　　而像淡色系一般微妙的颜色其实是从大概数十年前开始使用的。虽然被称为是"暧昧的颜色"，但正因为在漫长历史中人类对于色彩的感性不断获得升华，最终才得以在淡色系的微妙氛围中，发现了颜色的乐趣。

相同的红色不同地方看起来不一样

<<<

"圣诞老人的衣服是什么颜色？"

如果问这样的问题，肯定大多数人都会回答说："绝对是红色呀！"

但也许并非如此。

因为在漆黑一片的房间中看圣诞老人的衣服的话，是看不见红色的。在漆黑的地方所有的东西都会变成黑色。此外，在充满红光的房间中看那件衣服的话，会觉得偏白。

从中我们可以得知，颜色并不是独立存在的，而一定是与光共生的。希望大家都能记住，光线的状况会使颜色发生改变。

通过光的反射颜色才能进入我们的眼睛。因此，在决定服装以及建筑物的颜色时，我们需要同时考虑光线的状况和合适的配色。

很多人都有过这样的经历吧。去国外旅行时，明明觉得这件衣服很漂亮而买了下来，回到日本以后却发现太过华丽而穿不出去。

当然，在考虑到与周围人的平衡时，我们常常会放弃这件衣服。但是我觉得还有一个更重要的原因是，土地导致了"国外旅行时买礼物"的失败，因为土地的光线有质的差别。

光的质量会受到光线强度以及空气中湿度、灰尘的影响。例如，在日照稳定、空气湿度高的日本与在日照强烈的干燥地区观看树木的绿色，效果就截然不同。在日照强或是较为

196

干燥的地区，树木的绿色显得更为鲜亮。

这样的差别能从国外旅行拍的照片中看得很清楚。去比日本干燥的地中海或者中亚地区时，谁都能拍出颜色鲜艳的照片，给人造成摄影技术提高了的错觉。

同样在日本，东京和北海道的日照就完全不同。北海道空气澄净所以日照也给人感觉很清爽。因此，相似的风景在北海道看时会更美，乃至食物也显得更美味，让人食指大动。

当然，照射在衣服等布料上的光线也不同。所以就有分别适合地中海地区、东南亚、东京的光线的颜色所做成的衣服。想在旅行目的地扮靓的话，首先就要考虑购买想在哪里穿的东西。

即使在日本看上去很时髦颜色也很漂亮，拿到地中海地区或者东南亚地区时经常会看起来特别素淡不打眼。相反，如果在日本穿上购买于意大利或者泰国的衣服时，就会显得太过华丽。

还有，在太阳光下与在荧光灯下的颜色看起来也不太一样。有时候经常是在荧光灯下做好了出色的颜色搭配，但摆到太阳光下一看却差强人意。

在考虑店面的室内装修时也需要首先考虑使用怎样的光源——是用白色荧光灯还是白炽灯，再来决定配色。

有一种颜色"只有日本人看得见"

<<<

说到"特别日本风的颜色"，大家会想到什么呢？

春天浪漫樱花的淡粉色，日本足球代表队身上的蓝色，太阳旗上的红色……不同人可能有着不同的看法。

我个人认为，蓝色才是最能代表日本人的颜色。蓝色与过去日本人的生活有着不可分割的联系。

专注于染蓝色的染坊早已在日本各地都发展了起来。

他们的工作内容就是将植物的蓝色染在线绳和布料上。现在在德岛县的蓝住町，还能看见当地人传承着染蓝技术的光景。

虽然统称为染蓝，但其中也有着从偏白的淡青色到近黑的深蓝色等种类繁多的颜色。这些颜色的差别来源于染绳的次数和时间的不同。

并且，在蓝色逐渐变浓的过程中，颜色的名称也发生了变化。最初的淡青色是瓶窥色、之后是浅葱色、露草色、缥色、藏青色、深藏青色等，颜色越变越浓。这些名字都很美吧？

日本人能感受并区别出这些在蓝色的配色上有着微妙区别的颜色。

当然，染蓝的布料适合农务，不招虫，所以很实用。也许就是因为这样的实用性才会在当时普及起来的吧。

我想，正是在蓝色逐渐渗透进人们生活的过程中，人们才终于发现了蓝色的美并开始追求这种美。此外，蓝色还用于瓷器的染制，所以直到现在这种颜色还深深扎根于我们的生活中。而其中根据染制出的配色的微妙差别而划分出来的种类越多，就越能体现出日本人对蓝色的造诣之深。

但其实，我们想要从植物中提取蓝色是需要花费大量的时间和成本的。所以最终，印度的印度蓝取代了日本蓝，蔓延到了全世界。这就是为什么现在英语中称蓝色为blue的缘故。

现在化学染色技术十分发达，所以在牛仔裤上也能够很便宜地染上蓝色。

但是，用真正的蓝色染料染制的素材质感是与众不同的。外国人可能会说"没什么不同嘛"或者"没看出有多漂亮"，但日本人就能

懂得其中微妙的差别，理解这种颜色的精妙之
处。

　　即使是之前没有穿过染蓝衣服的年轻人，
在看过真正的染蓝之后也能够懂得差别在哪
里。虽然有些不可思议，但也许那就是我们的
历史与文化吧。颜色和文化其实是密不可分
的。

年龄决定颜色喜好

<<<

　　感受颜色的能力随着年龄的增加而逐渐衰退。

　　因此，在考虑店面的外部装修和室内装修时，必须考虑顾客的年龄层。

　　东京九段的意大利文化会馆的"外墙骚乱事件"更让我感受到了这一点。意大利驻日大使馆于2005年秋天将意大利文化会馆的外墙墙壁改为红色当时成为话题，引发了人们对这一景观的激烈讨论。

读卖新闻集团总公司的渡边恒雄董事长称之为"极其奇异的建筑"，一直抱怨着让建筑物"换个颜色"。

据报道，在2007年2月2日于记者俱乐部召开的意大利副总理兼外交部长达勒玛（时任）的记者招待会中，渡边董事长曾经提出了"直接抗议"。

渡边董事长说，会馆的附近有墓园，所以对于日本人来说是一个十分神圣的场所。因此，想请意大利文化会馆也将外墙改成和周边环境相协调的颜色。

我对这个故事很感兴趣，引发了那么大的轰动，到底那颜色有多鲜艳呢？为了一探究竟，我在路过附近时决定去实地看看。

但是到了现场以后，我却有些扫兴。

说是大红，所以我一直以为是非常浓艳的

红色，但其实那只是酒红色。而且，外墙上也不是只有红色，而是还有米黄色，二者搭配得非常和谐。至少我没有感觉它很奇异。

那为什么渡边董事长会说它"奇异"呢？虽然有些失礼，但我觉得也许是因为渡边董事长年事已高，所以感受颜色的能力已经发生了一些退化。

不用说，我们在看到非常明亮的颜色时，会感到对视网膜有刺激。并且，如果刺激过强的话，我们会感到"厌烦"。这样的感觉每个人都有些许不同，但是一般来说，随着年龄变大视网膜衰老，对刺激的抵御能力也会变弱。

因此，年龄越大越会回避明亮鲜艳的颜色而喜欢朴素淡雅的颜色。这一点我们看看老年人的服装以及身上的一些小物品就能感觉到。

当然，渡边先生的发言应该还包含着一些政治背景。但他的话都说到了"奇异"的程度，显然是那个颜色对他的视网膜的刺激过于强烈，使他感到不快了吧。

此外，受到渡边董事长直接抗议的达勒玛副总理则表示，他听到了另外一些感想，很多人称其"美轮美奂"，并明确指出"政府有关文化、艺术的原理原则不会因外部压力而改变"。

应对老龄时代，颜色大有玄机

<<<

年龄变大时不止对刺激的抵御能力会变弱。

因为老年人的眼球（水晶体）会变得浑浊，所以看物体会时而清楚时而模糊。如果成为一种病态的话就会被诊断为白内障，而据说80岁以上的老年人绝大多数都会因为某些原因患上白内障。

如果白内障病情恶化的话，眼前的景象仿

佛透过了一层黄色或棕色的滤镜，难以辨别微妙的色差。为了适应今后的超老龄社会，日本各地都推进着"无障碍街道的建设"。其基本点之一就是要明确表示出明暗的差别，让颜色之间相差更大。

例如，在台阶边缘或者马路与人行道交界处不使用有明暗差的颜色的话，老年人是识别不出来的。如果有一些文字需要让老年人注意，就需要拉大底色与文字颜色之间亮度、饱和度、色调的差别。

在装修店面时，如果为了做出更时尚的设计而在淡米黄色上搭配棕色的文字，色调差别就很小，所以很难看得清楚。特别是如果目标顾客是老年人的话，就更需要多注意这些方面。

JR的某个地铁站有一次想要改变钟表的型号，一时间在站内挂上了由黄绿色的底盘和绿色的文字和指针这一不可思议的组合构成的钟表。我当时就想，老年人恐怕看不太清楚吧。果然，也许是这一做法受到了很多的投诉，所以仅仅一年就变回了原来白底黑字的钟表。

老年人经常会因碰到榻榻米的边角和放在上面的被子而摔倒。本来老年人的骨骼就比较脆弱，一不小心的话就会导致骨折，甚至再也起不来。

如果想让家里也"无障碍"的话，就更需要在榻榻米边缘的颜色以及被子的颜色上拉大与周围颜色亮度和饱和度的差别。